自閉症児のための活動スケジュール

Activity Schedules for Children with Autism:
Teaching Independent Behavior

リン・E・マクラナハン／パトリシア・J・クランツ 著
園山繁樹 監訳

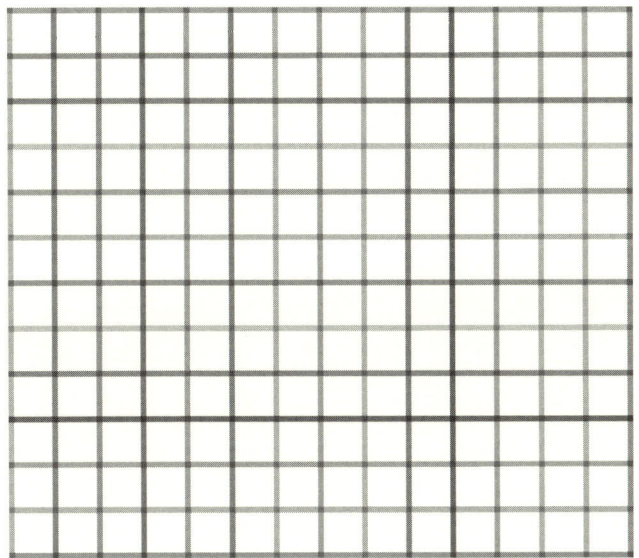

二瓶社

Activity Schedules for Children with Autism:
Teaching Independent Behavior
Second Edition
Copyright © 1999, 2010 Lynn E. McClannahan and Patricia J. Krantz
Japanese translation rights arranged with Writers House LLC
through Japan UNI Agency, Inc., Tokyo.

本書を教師であり、研究者であり、私たちの指導教員であった
バーバラ・コールマン・エッチェル教授に捧げます。

目　　次

まえがき …………………………………………………………… ix

第1章　自立・選択・社会的相互交渉 ……………………………1
　　　　◘ はじめに
　　　　◘ 本書の背景
　　　　◘ 活動スケジュールとは何か
　　　　◘ 自　立
　　　　◘ 選　択
　　　　◘ 社会的相互交渉
　　　　◘ 私たちは誰もスケジュールを使っている
　　　　◘ 本書について

第2章　前提として必要なスキル：
　　　　子どもは活動スケジュールの準備ができているか ……… 15
　　　　◘ はじめに
　　　　◘ 写真や絵と背景の区別
　　　　◘ 同じ物のマッチング
　　　　◘ 写真や絵と実物の対応スキル
　　　　◘ マニュアルガイダンスを受け入れる
　　　　◘ 用具やおもちゃを使う
　　　　◘ まとめ

第3章　初めての活動スケジュールの準備 ………………………… 25
　　　　◘ 活動を選ぶ
　　　　◘ 写真を撮る
　　　　◘ 用具を準備する
　　　　◘ ごほうびを決めて準備する
　　　　◘ 環境を整える
　　　　◘ 社会的相互交渉スキルを準備する

v

第 4 章　特別な指導方法 …………………………………………… 41
　　　　■ なぜマニュアルガイダンスを使うのか
　　　　■ 指導にあったっての準備
　　　　■ 最初の指示
　　　　■ マニュアルガイダンス
　　　　■ ごほうびを与える
　　　　■ 「すべきこと」と「してはいけないこと」
　　　　■ 段階的ガイダンス
　　　　■ プロンプト部位のフェイディング
　　　　■ シャドーイング
　　　　■ 距離のフェイディング
　　　　■ 誤反応の対応
　　　　■ まとめ

第 5 章　スケジュールに従う行動を測定する ………………………… 57
　　　　■ はじめに
　　　　■ データ収集
　　　　■ データ収集に関する問題解決
　　　　■ データをグラフにする

第 6 章　最初のスケジュールを習得した！ …………………………… 67
　　　　■ はじめに
　　　　■ 活動の順番を変える
　　　　■ 新しい写真と活動を加える
　　　　■ 新しい自立
　　　　■ 新しい問題と解決策
　　　　■ 新しいスケジュール

第 7 章　活動はいつ終わりにするか …………………………………… 79
　　　　■ はじめに
　　　　■ タイマーを使う
　　　　■ その他の時間管理スキル
　　　　■ 時間管理スキルと家族の生活

第 8 章　選択肢を増やす ………………………………………………… 87
　　　　■ はじめに

目　次

- ■ 子どもにごほうびの選択を教える
- ■ 子どもに自分で活動の順番を決めることを教える
- ■ 子どもに自分でごほうびを持ってくることを教える

第9章　写真や絵から文字へ …………………………………… 97
- ■ はじめに
- ■ 文字手がかりを導入する
- ■ 読みスキルと「To-Do リスト」
- ■ 手帳を使う
- ■ ハイテク時代の活動スケジュール

第10章　社会的相互交渉スキルを伸ばす ………………… 111
- ■ はじめに
- ■ 無発語の子どもの社会的スキル
- ■ 発語の少ない子どものソーシャルスキル
- ■ 友だちとやりとりするスキル
- ■ 十分な発話のある子どものソーシャルスキル
- ■ 音声や文字手がかりのフェイディング

第11章　大人の活動スケジュール …………………………… 123
- ■ 家庭の活動スケジュール
- ■ 職場の活動スケジュール
- ■ 地域の活動スケジュール
- ■ 活動スケジュールと課題分析

第12章　活動スケジュール：進歩のためのプラットホーム …… 141
- ■ 活動スケジュールは活動への従事をよくする
- ■ 活動スケジュールは問題行動を減らす
- ■ 活動スケジュールによって年少児は学習することを学ぶ
- ■ 活動スケジュールは自立を促進する
- ■ 活動スケジュールはスキルの般化を促進する
- ■ 活動スケジュールは年少児が私たちと同じ手がかりを使えるようにする

第13章　問題解決Q＆A ……………………………………… 149

付録A	前提として必要なスキル記録用紙 ……………………	162
付録B	ボタン式ボイスレコーダー ………………………………	164
付録C	音声カードリーダー………………………………………	165
付録D	スケジュール従事記録用紙 ………………………………	166
	引用文献 …………………………………………………	168
	索　　引 …………………………………………………	171
	監訳者あとがき……………………………………………	176

装　幀　森本 良成

まえがき

　自閉症の子どもたちにスケジュールの使い方を教えることは、素晴らしいことです。私たちは子どもたちが自立に向かって歩みだし、自分の能力を発揮するようになることを嬉しく思います。

　本書は多くの子どもたちとその家族が成し遂げたことをほめたたえるものです。本書を、今、写真と実物の対応を学習する指導を受けている子どもたちに捧げます。また、熟達したスケジュールの使用者となって、公立学校の通常学級に移り、そこでテストを受けたり宿題をするためにそのスキルを使い、学校での日課の変化に対応するためにそのスキルを使っている子どもたちにも捧げます。また、特別な介入を受けて、家事を手伝ったり、自分の持ち物を管理したり、社会的相互交渉を自分から始めたりして、家族の生活に貢献している子どもや若者にも捧げます。さらに、写真や文字のスケジュールを使って自宅や地域の職場で自立した生活をし、それぞれで貢献し、周囲からも尊敬されている大人になった自閉症の人たちにも捧げます。彼らの何人かは40代になっています。

　私たちの研究に協力してくれた両親や専門家に感謝します。彼らは長年に渡って、家庭、親戚の家、幼稚園、学校、礼拝堂、歯科医院、小児科医院、公園、遊び場、レストラン、家族での休暇など、さまざまな場所で子どもに活動スケジュールの使い方を教え、そのデータを提供してくれました。

　本書で紹介する介入方法は、私たちの友人で同僚であるグレゴリー・S・マクダフとエドワード・C・フェンスケの協力によって生まれたものです。彼らの協力は、科学的なデータによって支持された効果的な支援システム開発の基盤となっています。

　ポーランドのグダニスクにあるIWRD（児童発達研究所）、トルコのイス

タンブールにある TOHUM（トルコ自閉症早期診断教育基金）の親御さんと専門職には、本書での写真の使用に協力いただいた。彼らの協力に感謝します。

第1章

自立・選択・社会的相互交渉

ティム

　顎に手をあて、エレンは3歳になる息子のティムを見ました。ティムは新しいおもちゃに囲まれて、そこで仰向けになって、天井の照明を見つめて声を出しながら、リズミカルに椅子の脚を蹴っていました。ちょうど指導セッションが終わったところでした。ティムは知っている物の絵を指さしたり、いくつかの音声模倣はよくできました。しかし、セッションが終わるとすぐ、床に寝そべって自分の世界に入りました。ティムはエレンの方も、おもちゃも見ませんでした。「疲れた……」と思いつつエレンは、おもちゃのトラックを手に取って床を走らすように息子にプロンプトすべきか葛藤していました。もしそうしたら、ティムが激しく抵抗することがわかっていたからです。

ジョーダン

　7歳の息子ジョーダンが帰宅しておやつを機嫌よく食べ終えたところで、ダナはこれから起こることに気を引き締めました。ダナは、ジョーダンの兄のジャックが新しい自転車に乗るところを一緒に見ると約束していました。しかし彼女は、自分たちが玄関のドアに近づいた時に、ジョーダンがどうするかわかっていました。ダナは覚悟を決め、ジョーダンの手を取り、できるだけ元気よく「外に行きましょう」と言いました。彼女がドアを開けると、ジョーダンは大声を上げて床にひっくり返り、足をバタバタさせ、声を上げて泣きました。ジャックは歩道に出ると、「やっぱりこうなるんだ！」と言いました。ダナがジョーダンをドアから離すのに四苦八苦している間に、ジャックが自転車をガレージに向かって押しているのが目に入りました。

クリス

　ラリーは10代の自分の娘クリスを、台所のドアの隙間から見ていました。娘のクリスは何もしないで、ただソファーに座っていました。ラリーはその様子を見ながら、彼女の無気力さについて考えていました。クリスはいい教育を受けてきたし、たくさんのことを学んできました。彼女は自分でベッドメイキ

ングをし、お風呂に入り、洗濯物をたたみ、学校へ持っていく弁当を自分で作り、いろいろなコンピューターゲームもできたし、宿題もほとんど一人でできました。しかし、ラリーが立ち上がって、彼女に近づいて、「明日のお弁当の準備をしたらどう？」といった指示をしない限り、何もしませんでした。

はじめに

　ティム、ジョーダン、クリスの姿に、多くの人たちは共感するでしょう。幼稚園児のティムは、きちんと構造化された指導セッションの中では新しいスキルを発揮することはできても、活動と活動の合い間のあまり構造化されていない時間の過ごし方はまだ身に付いていません。ジョーダンは、いつも経験している家庭の日課をする時は機嫌よく、周りの人を困らせたりしませんが、日課が変わってしまうとかんしゃくを起こします。そして、たくさんの能力を身に付けているクリスは、両親や教師の指示がなければ何もしようとしません。細かく計画された活動スケジュールを用いれば、こうした問題を解決することができるのです。

本書の背景

　本書は、プリンストン児童発達研究所で20年以上にわたって私たちが行ってきた研究に基づいています。私たちは、自閉症の児童や青年がたくさんのことを学んでいるにもかかわらず、誰かが言葉で指示したり、その行動をやって見せたり、教材を指さしたりしなければ、獲得したはずのスキルを使うことができないことに気づき、1986年からこの研究を始めました。ある時は、ちょっとしたプロンプト（子どもの方に半歩進んだり、期待をこめた視線を送る）で、彼らにその活動をさせることができました。しかし、大人のプロンプトがない時は、彼らはステレオタイプな行動を示しました。指先を弄んだり、手をヒラヒラさせたり、意味のない音声を発したり、くるくる

回ったり、何もないのに笑ったり、その他の同じ行動を繰り返したり、ただ何かを待っていたのです。

　私たちは子どもたちが「間違っている」とか、獲得したスキルを使うことができないとは考えませんでした。むしろ、彼らが自立して活動や課題ができるように、さまざまな指導方法を検討することの方が大切だと考えたのです。

活動スケジュールとは何か

　活動スケジュールとは、順序立てられた活動をする手がかりとなる写真や絵や単語のセットのことです。活動スケジュールにはいろいろな形が考えられますが、元々は3穴バインダーのそれぞれのページに、課題をこなしたり、活動に取り組んだり、ごほうびを楽しむといったことの手がかりとなる写真や絵や単語を記載したものです。子どもによって、ひとつの活動を細分化した形で示したり、逆に、手がかりとしてその活動や課題全体をあらわす絵やシンボルをひとつだけ示す場合もあります。後述する段階的ガイダンスによって、子どもたちはスケジュールブックの初めのページを開き、その課題をこなし、次の課題の手がかりを見るためにページをめくるように教わります。スケジュールブックの使い方を教える目的は、自閉症児が、親や教師の直接的なプロンプトやガイダンスがなくても、課題や活動ができるようになるためです。

　2歳になるライリーのスケジュールブックは5ページあって、各ページに写真が1枚貼ってあります。その写真は、ジグソーパズル、色合わせゲーム、プラスチックの筒の中にボールが入ったもの、フェルト製の動物とそれを貼るフェルトの盤、紙皿の上のコーンチップで、母親か指導者が「おもちゃで遊ぶ時間よ」と言うと、ライリーはスケジュールブックを開き、最初の写真を指さし、本棚に行き、1ページ目に載っているパズルが入ったかごを取り、彼の小さなテーブルにパズルを持って行き、パズルを完成させ、パズルを

第1章　自立・選択・社会的相互交渉

かごに戻し、そのかごを棚に戻し、そしてスケジュールブックのページをめくり、色合わせゲームを指さし……、というように続けていきます。この指導方法を用いることで、親や指導者の援助がなくても、ライリーは5つの活動を行うことができます。彼はまだ幼いけれど、10分から15分間、ひとりで遊びに集中することができます。この写真のスケジュールブックの使い方を学ぶまでは、彼は遊ぶことができず、その代わり、パッとおもちゃを取り、それを口に入れて落とし、また他のおもちゃのところに行って同じことをするだけでした。

　12歳になるペイジは、小学校2年生程度の読みはでき、新しい言葉もすぐに覚えました。放課後、彼女はやるべき活動のリストが文字で書かれたスケジュールに従いました。その活動リストは、掃除機で自分の部屋を掃除する、本読みの宿題、プリンを作る、タオルをたたむ、算数の宿題、ピアノの練習、ビデオエクササイズ、食卓の準備などでした。ペイジはリストの最初

図1-1
2歳4か月のショーンは、写真の活動スケジュールにある5つのうちの最初の活動を練習しています。スケジュールブックが彼の側にあり、リングさしの写真が載ったページが開かれています。

図1-2
彼はまだこの課題ができないので、教師が来て段階的ガイダンスと呼ばれるプロンプトを行っています（この指導方法については第4章で説明します）。

の項目「掃除機で自分の部屋を掃除する」を指さし、必要な道具を持ってきて掃除を始めました。それぞれの活動をやり終えると、彼女はその都度スケジュールブックに戻り、その項目の横にチェックマークを記入します。ペイジのスケジュールブックに新しい項目を追加する時は、その前に、教師が単語カードに書いた新しい言葉を提示し、読み方を教えました。

　ペイジのスケジュールブックにある活動の多くは、最初はそのひとつひとつのステップが教えられました。例えば、彼女の初期のスケジュールブックでは、プリンを作るという課題は、「牛乳を取る」「ボウルを取る」「プリンミックス（プリンを作る粉）を取る」といった19の指示が書かれていました。文字で書かれた活動スケジュールに従うことによって、ペイジは放課後、新しいスキルを練習し、家事の手伝いができるようになりました。スケジュールに従って行動できるようになる前は、彼女は家族にしつこく要求し、自分の思い通りにならないと叫んだりして、放課後の時間を過ごしていることが多かったのです。

自　立

　ライリーとペイジは、活動スケジュールに従って行動することを身に付けた子どもが自立を獲得した例です。ライリーの母親は、常に彼を監視していて、彼が口におもちゃを入れた時にそれを口から出しに行かなくてもよくなったし、ペイジの両親は、彼女に言葉でいつも指示を与えたり、彼女のしつこい要求に応えなくてもよくなりました。活動スケジュールによって、大人のプロンプトやガイダンスの必要性が減ったのです。これらの成果は、特別な指導方法によって達成されたものです。

　私たちの活動スケジュールの初期の研究のひとつ（MacDuff, Krantz, & McClannahan, 1993）は、プリンストン児童発達研究所にある家庭タイプのグループホームで行われました。研究に参加した4人の男の子（9～14歳）は、掃除機をかける、埃を払う、食卓の準備をする、パズルをする、おもち

第1章　自立・選択・社会的相互交渉

ゃで遊ぶ、自転車に乗る等のたくさんの家庭生活スキルを学びました。しかし、言葉で指示されない限り、彼らはこれらの活動をしなかったし、スタッフのプロンプトがなくなると、望ましい活動にまったく従事しない「オフタ

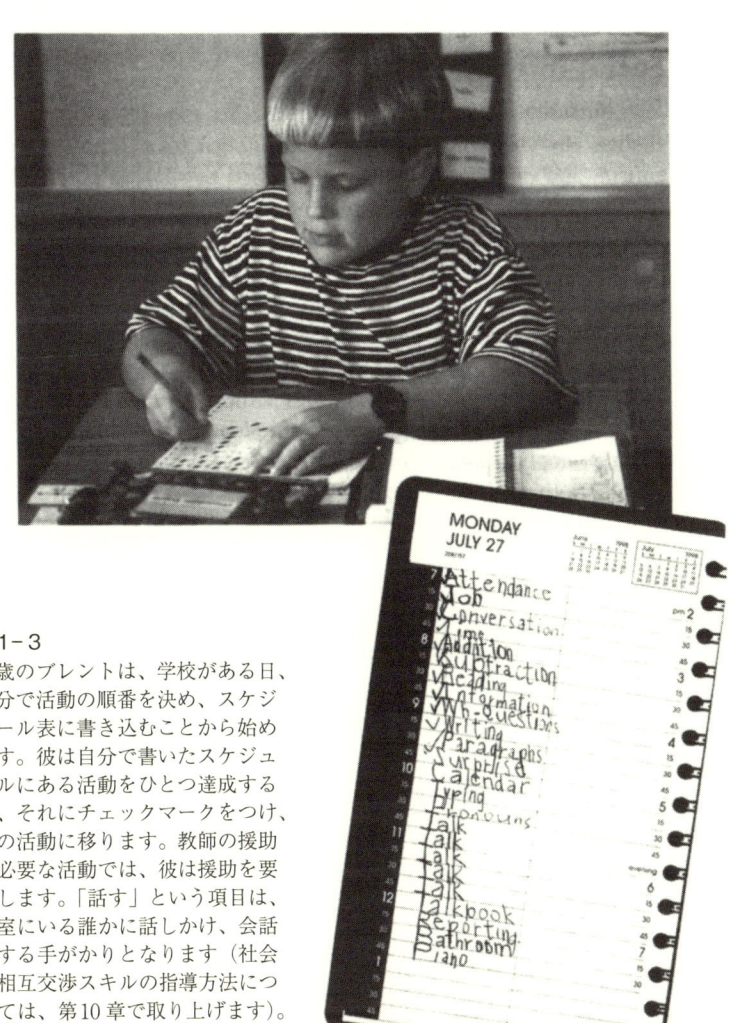

図1-3
9歳のブレントは、学校がある日、自分で活動の順番を決め、スケジュール表に書き込むことから始めます。彼は自分で書いたスケジュールにある活動をひとつ達成すると、それにチェックマークをつけ、次の活動に移ります。教師の援助が必要な活動では、彼は援助を要求します。「話す」という項目は、教室にいる誰かに話しかけ、会話をする手がかりとなります（社会的相互交渉スキルの指導方法については、第10章で取り上げます）。

スク（off-task）」の状態になりました。

　段階的ガイダンス（graduated guidance）と呼ばれる指導方法を用いながら、私たちはレゴブロック、形合わせゲーム、書き方プリント、ティンカートイ等の６つの遊びと宿題の活動を示した写真による活動スケジュールに従って行動することを教えました。例えば、子どもがティンカートイの車の写真が載っているページを開いたら、彼はその写真を指さし、彼の机の上にある棚からティンカートイを取り出し、写真のように車を組み立て、ティンカートイを箱に戻し、その箱を棚に戻し、スケジュールブックの次の写真をめくりました。他の子どもたちには、それぞれに合った活動スケジュールを作らなければなりませんが、この男の子たちはそれぞれの活動の各ステップはすでに知っていたので、彼らの活動スケジュールにそれぞれのステップの手がかりとなるものを載せる必要はありませんでした。

　男の子たちが、スケジュールブックに示された活動を特別な援助なしにできるようになれば、私たちは指導者のガイダンスを徐々になくしていき、最終的には指導者がそこにいないようにしました。写真の順序を変えたり、新しい写真を追加しても、彼らは大人のプロンプトなしでスケジュールに従って行動し、研究が終わる頃には、平均して観察期間の91～99％で「オンタスク（on-task）」の状態であり、適切な行動に従事していました。

　彼らは以前はある活動に取り組んでそれを達成しても、次の活動への移行に著しい困難を示していましたが、今では６つの活動を大人の援助なしに自力で達成していました！　彼らはとてもよくやっているように見えました。

選　択

　自分自身が他の文化圏に旅行した場合を想像してみましょう。あなたはそこで話されている言語を理解できず、ガイドも通訳もいません。周囲の人々はあなたにどこへ行きたいか、何をしたいか聞くけれど、あなたはそれを理解できないか、それらの質問に答えられません。この状況は、まさに重度の

言語障害のために、自分の活動や毎日のスケジュールを自分で選択して決定することができない自閉症児の厳しい状況を描いています。このように日常生活の出来事に自分で関与できないことが、かんしゃくや問題行動の生起と関係していることも多いのです。もし、食事をする時間や、次に何をするか、どの余暇活動を選ぶかを自分で決めることができないとしたら、私たちもかんしゃくを起こすでしょう。

　写真や文字による活動スケジュールは、自閉症児が選択を学ぶ援助の枠組みにもなります。もし私たちが十分に計画された指導をすれば、彼らはスケジュールに従って行動するだけではなく、自分自身の活動の順番を決めることや、構造化された指導セッション、宿題、家庭生活課題の後に、どんな余暇活動をするかを選択することを学ぶこともできるようになります。

社会的相互交渉

　日常生活をしていく上で、社会的なやりとりは必然的に求められます。しかし、社会的相互交渉は自閉症児にとって最も困難で、できるだけ早く取り組む必要があります。断続試行訓練（discrete-trial training）は、自閉症児に単語、句、文を模倣させ、必要な時に言葉で応答することを指導するためによく用いられますが、この方法は日常会話での受け答えを教える代表的な方法というわけではありません。断続試行訓練では、親や教師は質問したり指示を与えたりして、その子どもが反応するのを待ちます。そして子どもは、それに反応し、次の指示を待つ、というふうに学習します。実際に、多くの子どもが自分から社会的相互交渉を始めず、誰かが関わってくれることを待ち、大人の言語プロンプトに依存するようになるのです。しかし、一般の会話では、相手が会話を始める場合でも、それは質問や指示ではなく、意見やコメントであることも多く、他の人が返答する前に、その人がいくつか述べることもあります。

　活動スケジュールの使い方を子どもに教えることによって、子どもが社会

的相互交渉スキルを獲得する別の枠組みを与えることにもなり、単に誰かの指示や質問に答えるだけではなく、自分から会話を始める機会をたくさん作ることもできます。私たちは、幼児向けの最初のスケジュールでも、最低ひとつは相互交渉課題を入れることを勧めています。まだ言語を獲得していない子どもでも、スケジュールブックの写真を指さして、親の方を見ることを学習すればよいし、いくつかの言葉を話すようになった子どもは、家族の誰かを探して「こんにちは」と言ったり、「くすぐって」と要求することができるでしょう。また文の発話ができる子どもであれば、好きな活動を要求したり（「だっこして」）、達成できたことを報告したり（「パズルできた」）して、会話を始めることができるでしょう。

　早期介入プログラム、幼稚園、学校、グループホームでの私たちの経験から、社会的相互交渉の活動はすべての活動スケジュールに入れるべきで、できるだけ早くその数を増やすとともに、複雑なものにしていくべきです。会話スキルの獲得のための活動スケジュールの使い方については、具体的な提案を含め、後の章でも何度か取り上げます。

私たちは誰もスケジュールを使っている

　私たちは忙しい。私たちにはたくさんやるべきことがあり、それらのさまざまな責任をこなすためにスケジュールを立て、スケジュール帳、デイタイマー、計画表、カレンダーなどを使っています。私たちは「すること（To-Do）」のリストを冷蔵庫に貼ったり、財布やカバン、ポケットの中に入れて持ち歩いたりします。なかには、電子手帳やパソコンのソフトウェアを使って、やらなければならないことを確認する人もいます。

　写真や文字の活動スケジュールは、自閉症の子どもや大人にとって、ちょうどそれと同じ機能を果たします。私たちと同様、スケジュールは自閉症の子どもや大人でも、他の人に何をすべきか指示されたり、うるさく言われたりしなくても、しなければならないことを意識させてくれます。

第1章　自立・選択・社会的相互交渉

　私たちは、予定表通りに行動できないことをとても嫌います。それと同じように、自閉症の子どもたちにも自分のスケジュールを持つことを諦めてほしくありません。そのために、私たちと同じようなスケジュールを徐々に使いこなせるようなスキルを獲得できるよう支援する必要があります。写真の活動スケジュールから文字の活動スケジュールへの移行、文字の活動スケジュールからデイタイマーの活動スケジュール、一般のスケジュール帳、電子手帳へ移行する指導方法については、後で述べます。

本書について

　本書の目的は、活動スケジュールを紹介し、親や専門家の立場で、自閉症児に活動スケジュールの使い方を指導する方法について詳しく紹介することです。本書には子どもの例だけでなく、青年や成人の例も載せています。自分の息子や娘や生徒の自立を支援するのに、遅すぎるということは決してありません。

　第2章では、年少児が最初の活動スケジュールに取り組む前に必要なスキルや、それら事前に獲得しておくべき重要なスキルの指導方法について述べます。第3章では、子どもの長所に合わせた活動スケジュールの作成方法について述べます。第4章では、指導方法の詳細、第5章では、スケジュールに従うスキルの評価の方法を取り上げます。第6章では、子どもが最初のスケジュールの使い方を獲得した後にすべきこと、特に、写真の順序を変えたり、新しい写真を加えたり、徐々に指導・援助を減らすことについて説明します。第7章では、終わりがはっきりしない活動（例えば、テレビを見る）を取り上げ、いつその活動を終え次の活動に移ればよいかを子どもが学習するためにはどう指導すればよいかについて述べます。第8章では、子どもがごほうびを選んだり、自分の活動の順序を決めることができるようにする指導方法、第9章では、子どもがどのようにして写真スケジュールではなく、文字スケジュールに従うことができようになるかについて述べます。第

10章では、社会的相互交渉を伸ばすための活動スケジュールの使い方、第11章では、活動スケジュールが自閉症の大人にもどれだけ役立つか、第12章では、活動スケジュールが子どもの自立、能力、選択の幅を広げる枠組みとなることについて説明します。最後の第13章では、活動スケジュールの使い方を子どもや青年や大人に指導する際に起こりうる問題の解決法を提示します。

子どものスケジュールを作成し、そのスケジュールに従って行動することを指導し、計画的に指導や援助を減らしていくためには多くの時間と労力が必要ですが、そうすることで子どもはより自立し、多くのことを達成し、問題行動を起こしにくくなります（Kranz, MacDuff, & McClannahan, 1993）。親や教師の多くは、常に子どもを見守ったり、課題をしていない時には注意したり、問題行動に対応したりすることに、多くの時間と労力を費やしてきました。写真や文字の活動スケジュールの指導に同じくらいの時間を費やせば、生涯にわたって役立つ大切なスキルを子どもは獲得することができます。

ゴーディー

ゴーディーはぬり絵とクレヨンを棚に戻した後、スケジュールブックのページをめくり、姉と一緒にクッキーを食べる写真を見ました。8歳になる姉のグウェンは、ゴーディーの方をチラッと見て、友だちと遊んでいたゲームを中断し、「ゴーディーはこれまで私を無視していたけど、今は時々話しかけてくるのよ」と打ち明けました。ゴーディーは台所に入って、「ママ、クッキーちょうだい」と言い、そしてすぐ、クッキーを手にグウェンに近づき「クッキーだよ！」と言いました。

エリオット

エリオットはジョブコーチに「さよなら」と手を振り、自分のアパートに戻り、まっすぐ机に向かい、スケジュールブックのペーパークリップで留められたページを開きました。彼がまだチェックしていないスケジュールの最初の項

目は「ゴミを捨てる」でした。数分後ゴミ置き場から戻ってくると、彼はその項目にチェックを入れ、次の項目の「仕事用のシャツとズボンにアイロンをかける」を読みました。アイロン台を取りに行く前に、残りの項目にも目を通し、「おじいちゃんに電話する」「献立を考える」の項目も読みました。

第2章

前提として必要なスキル

子どもは活動スケジュールの準備ができているか

Activity Schedules for Children with Autism

はじめに

　活動スケジュールの使い方を学習する前に、子どもは対象物の写真や絵と背景の区別、同じ物のマッチングなど、いくつかのスキルを学習しておく必要があります。使ったものを片付けるといった、スケジュールに従って行動する学習と同時に獲得されるようなスキルは、活動スケジュールの使い方を学習する上で重要ではありません。本章では、前提として必要なスキルを取り上げ、その指導法を紹介します。また、指導や学習を促すスキルについても述べます。

写真や絵と背景の区別

　年少の自閉症児の中には、はっきりとした背景に写真や絵が提示された時、背景ではなく写真や絵に注意を向けることを学習していない者もいます。写真の活動スケジュールに従って行動するためには、当然、子どもたちは背景ではなく写真や絵の方に注意を向けることを学習しなければなりません。画用紙とよく知っている物が写っている粘着テープ付のステッカーを使って簡単なブックを作成することで、子どもがこのスキルを獲得しているかどうかをアセスメントすることができます。3穴リングのバインダーに、すべて同じ色の10枚の画用紙を取り付けます。次に、1ページに1枚のステッカーを貼り付けます（それぞれのステッカーの位置は変える）。例えば、1ページ目のステッカーは左上の隅に、2ページ目のステッカーはページの中央に、というように貼ります。各ページはプラスチック製のページプロテクターに入れます。そうすることでブックを長持ちさせ、子どもがステッカーを剥がすのを防ぐことができるのです。

　テーブルや机に子どもと並んで座り、1ページ目を開いて「絵はどこ？」と尋ねたり、「絵を指さして」と指示します。5秒待って、時間内に子どもがステッカーに触れたら「＋」を、触れなかったら「－」を記録用紙（図2

第 2 章　前提として必要なスキル

-1と付録 A）に記入します。各ページにおける子どもの最初の反応を記録します。例えば、初めに背景部分を触り、その後でステッカーに触った場合は「-」と記録します。10 ページのうち少なくとも 8 ページ以上でステッカーに触ることができたら、おそらく絵と背景の弁別スキルをすでに獲得していると考えてよいでしょう。

　もしあなたの息子や娘がまだその課題ができなければ、それを教えることができます。このステッカーブックを一緒に見る時に特別なお菓子やおもちゃを用意し、一日に何回かその機会を設けます。「絵を指さして」と指示したら、子どもの反応をよく見て、やさしくかつ素早く子どもの手をステッカーへガイドし、誤反応を防ぐようにします。援助を必要とした場合でも、たくさんほめてあげます（「そうだね、よく絵を見つけたね」）。ただし、用意

デュアンの写真と背景の区別の記録用紙

回　数	課　題	日付／時刻 10/1/18 11 a.m.	日付／時刻 10/1/18 4 p.m.	日付／時刻 10/1/19 4:30 p.m.
	写真と背景の区別			
1		-	-	+
2		-	-	-
3		+	-	+
4		+	+	+
5		-	-	+
6		-	+	-
7		-	+	+
8		-	+	+
9		+	+	+
10		+	+	+
正反応数		4	6	8

図 2-1
写真と背景を区別する子どものスキルを測定する記録用紙の例。
未記入の記録用紙は付録 A を参照。

した好きなお菓子やおもちゃは与えません。好きなお菓子やおもちゃは、自分だけの力で正反応できた時に取っておきます。

　本書では、レーズンやポップコーン、シリアルなど食べ物のごほうびに触れることも多いです。介入の初期には、多くの年少の自閉症児は言語賞賛や注目、おもちゃなどがごほうびとして機能せず、そのために好きなお菓子が重要なごほうびになるかもしれません。しかし、もし子どもがステッカーや星シール、コイン、手遊び、イナイナイバー、くすぐりなどの活動を喜ぶのであれば、それをごほうびとして用います。

同じ物のマッチング

　スケジュールに従ってスムーズに行動できるようになった子どもは、実物とその写真や絵が対応していることを学習しています。例えば、ビッグバードのおもちゃの写真や絵は、そのぬいぐるみを表しています。しかし実物と写真や絵を対応させるスキルをまだ学習していない場合には、マッチングスキル（同じ物を同定すること）を学習する必要があります。年少の自閉症児が、2つのバナナ、2つのコップ、といった同じ三次元の物同士をマッチングすることを学習するのは、2枚の同じステッカー、2つの赤い丸といったように、二次元の物同士をマッチングするよりもしばしば簡単です。

　あなたの子どもが同じ物をマッチングできるかどうかを判断するには、子どもと一緒にテーブルや机に座り、その上に5つの異なるおもちゃや家によくある物を並べます。そして、その5つと同じ物を子どもの視界に入らないように置きます（あなたの膝の上やポケットの中、あるいは近くの床の上）。あなたが持っている物の中から1つ（例えばスプーン）をテーブルの上に置き、「指さして」と指示します。子どもがそれを指さしたら、「見つけて」と言います。教示から5秒以内に正しい物（同じ物）に触れたり、取ったり、手を伸ばした場合は正反応と記録します（図2-2と付録A参照）。反応がなかった場合、5秒以上たってから反応した場合、正しい物に触れたり取

第2章 前提として必要なスキル

ジュディの実物のマッチングの記録用紙

回数	課題	日付／時刻 10/1/27 3:45 p.m.	日付／時刻 10/1/28 4:00 p.m.	日付／時刻 10/1/29 4:30 p.m.
	実物の マッチング			
1	くつした	−	−	−
2	スプーン	−	＋	＋
3	ボール	＋	＋	＋
4	えんぴつ	＋	＋	＋
5	せっけん	−	−	−
6	ボール	＋	＋	＋
7	くつした	−	＋	＋
8	えんぴつ	＋	＋	＋
9	せっけん	−	−	−
10	スプーン	＋	−	＋
正反応数		5	6	7

図2-2
実物をマッチングする子どものスキルを測定する記録用紙の例。
未記入の記録用紙は付録Aを参照。

前に間違った物に触れた場合は、誤反応と記録します。これを10試行続けます。マッチングスキルを既に学習している子どもであれば、10試行中8試行で正反応できます。ただし、よく見ていなかったために誤反応することもあります。あなたの子どもがまだマッチングスキルを学習していなければ、マニュアルガイダンスや言語賞賛、あるいは前述の特別なごほうびを使った手続きで、それを教えることができます。

写真や絵と実物の対応スキル

写真や絵と実物の対応スキルを獲得している子どもは、その写真や絵がそこに描かれた対象物を表象していることをすでに学習しています。これらの

スキルは写真の活動スケジュールの使用には最も重要なスキルですが、多くの自閉症児は絵と実物の関係を学習するために特別な指導が必要です。

　あなたの子どものスキルを測定するために、3穴リングバインダーに5枚の画用紙（すべて同じ色）を挿んだ、もうひとつの「ブック」を作成します。次に、よく知っている物の写真を5枚撮るか、雑誌に載っている写真を5枚切り取り、ブックの各ページに貼りつけ、その写真と同じ5つの物を集めます。例えば、子どもが大好きな飲み物の写真を見つけたら、その飲み物を1本買ってきます。おもちゃのカタログには、あなたの子どもが持っている人形や車の写真が載っているかもしれないし、広告には、あなたの家にあるタオルと同じタオルの写真が載っているかもしれません。あなたが集めてきた物は、写真に写っているものと全く同じで、また、それぞれの写真にはその

図2-3
写真と実物のマッチングを教えるために、写真を指さしながら「指さして」と言い、子どもの手を持ってその写真を指さゝさせます。そして、「見つけて」と言って、子どもの手を持ってその写真と同じ物を取らせ、そのページに置かせます。

第2章　前提として必要なスキル

対象物だけが写っていて、その他の物は写っていないようにします。

　子どもの隣に座り、ブックと実際の物を机上の子どもの前に置きます。ブックを開き、「指さして」と言いながら最初の写真を指さして見せ、モデルを示します。もし必要であれば、子どもに写真を指さすようガイドします。そして、「見つけて」と言って子どもが正しい実物を手に取るようにガイドします。写真と同じ実物を手に取ったらすぐに子どもを誉め、特別な注目を与えます。例えば、子どもと手を合わせる（タッチする）、口笛を吹く、「高い高い」、抱きしめる、キスをする、くすぐるなどを行います。この手続きをブックの各ページについて繰り返します。

　次にあなたがこのブックを使う時には、「指さして」と「見つけて」という指示だけを与え、子どもの反応を5秒間待ちます。5秒以内に援助なしで指さしができ、標的の物を手に取ることができた場合は正反応と記録します。5秒以内に指さしができない場合や標的の物を手に取らない場合、あるいは写真と一致しない物を手に取ってしまった場合は、誤反応と記録します（図2-4と付録A）。

ロジャーの写真と実物のマッチングの記録用紙

回　数	課　題	日付／時刻	日付／時刻	日付／時刻
	写真と実物のマッチング	10/2/9 5 p.m.	10/2/9 7 p.m.	10/2/10 4:30 p.m.
1	トラック	−	−	−
2	コップ	−	＋	＋
3	くつ	−	−	−
4	ブロック	−	−	＋
5	歯ブラシ	＋	＋	＋
正反応数		1	2	3

図2-4
写真と実物をマッチングする子どものスキルを測定する記録用紙の例。
未記入の記録用紙は付録Aを参照。

もし、正反応が5ページのうち少なくとも3ページ以上生起しなければ、写真と実物の対応を教えるために、このブックを最初に導入した時の手続きに戻ります。写真を指さすモデルを示したり、子どもが写真を指さし、写真と同じ物を手に取るようにガイドします。そして、大げさな言語賞賛や注目を与えます。時間の経過に従ってガイダンスを徐々に減らします。援助なしに実物を見つけることができたら、言語賞賛や注目に加え、特別なお菓子やおもちゃも与えます。

　それぞれのページで正反応できたら、新しいブックに移ります。別の写真と実物を選び、その新しいブックを提示した時の子どもの反応を測定します。5ページ中3ページで正しく反応できなかった場合は、その2冊目のすべての課題を援助なしでできるようになるまで指導を続けます。その後も、新しいブックを作成するたびに、5ページのうち少なくとも3ページ以上で最初の反応が正反応になるよう、評価と指導をしていきます。

マニュアルガイダンスを受け入れる

　活動スケジュールに従うことを子どもに教えるために私たちが用いる手続きで重要なのは、マニュアルガイダンスです。この手続きで指導を行う場合、正反応をガイドするために私たちが子どもの手や腕や肩に触れることを、子どもが受け入れる必要があります。多くの年少児は、親や教師から身体的にガイドされる時に何らかの不快のサインを示すことはありませんが、中には時々、大声を上げたり、泣いたり、抵抗したり、逃げようとする子どももいます。

　靴をはく、下着を引っ張る、歯を磨く、スプーンを使うなどの未獲得の課題を援助する時には、子どもをよく観察します。もし、あなたが子どもの手の上に手を重ねてこれらの活動を援助した時、彼女は抵抗するでしょうか？このような援助を受け入れる子どもは、通常、活動スケジュールの指導で用いられる指導方法にもよく反応します。

第2章　前提として必要なスキル

　もし、子どもがマニュアルガイダンスに抵抗を示す場合には、援助を受け入れるようになるための指導として、あなたが行うことのできるいくつかの方法があります。どのようなタイプの身体接触を子どもは喜ぶでしょうか？もし、くすぐりやおんぶ、高い高い、ひざの上にだっこされることが好きであれば、これらの活動をするたびにほんの少しマニュアルガイダンスを試み、毎日少しずつガイダンスを増やしていきます。例えば、子どもをくすぐる前に、子どもの手を取ってあなたをくすぐるような仕草を見せます。あるいは、おんぶする前に、ベッドやいすに上るよう手でガイドします。

　マニュアルガイダンスと好きなお菓子やおもちゃをペアにすることもよいでしょう。好きなお菓子を手に取る際に子どもの手をガイドし、少しずつ身体接触を増やしていきます。高い棚の上に好きなおもちゃを置き、子どもを持ち上げて子どもの手をおもちゃの方にガイドします。そうするたびに抵抗したり、泣いたり、叩くなど望ましくない行動を起こさずに、その子が許容できる最も大きなマニュアルガイダンスを用いるようにします。このようなやり方で、ほとんどの子どもは最終的にはマニュアルガイダンスを受け入れるようになります。本章やこの後の章で取り上げる新しいスキルを教える際に、マニュアルガイダンスは誤反応を防いだり修正する時だけでなく、ごほうびを与えたり好きな活動をする時にも使用できることを覚えておいてください。

用具やおもちゃを使う

　もし、就学前の子どもがひも通しやパズルができるのであれば、これらのスキルは写真の活動スケジュールを初めて導入する際に不可欠とはいえないまでも、役に立ちます。実際、年少の子どもは、活動スケジュールに従って行動することを学習する際に、同時に新しい作業や遊びのスキルも獲得します。しかし、もし既に獲得している活動がいくつかあれば、子どもの学習はもっと早くなるでしょう。型はめボックスにピースをはめることができます

か？　カテゴリーごとに絵カードを分類することができますか？　台所の引き出しの決まった場所にナイフ、フォーク、スプーンを置くことができますか？　子どもがこれらの課題や似たような課題をできるのであれば、あなたは子どもの最初のスケジュールにそれらの課題を用いることができます。3歳のスティーブンはおもちゃの郵便箱にブロックを落とすことができ、プラスチックの馬と羊を別々のかごに分類することができ、入れ子のカップを組み立てることができていました。彼の最初の写真の活動スケジュールにこれらのいつもやっている課題を組み入れることによって、教師はスティーブンにスケジュールに従って行動するスキルを簡単に学習させることができました。

まとめ

　この章では、最初の写真活動スケジュールを子どもに始めるために前提となるスキルの評価の方法と指導方法を紹介しました。始めるためには多くの方法があります。私たちは、写真や絵と実物の対応スキルとスケジュールに従って行動するスキルを同時に学習する年少児がいることも知っています。最初のスケジュールの習得にかなり長い時間がかかったこれらの子どもたちも、今では十分なスケジュール利用者になっています。ですから、子どもに写真や絵と背景を区別すること、同じ物をマッチングすること、写真や絵と対応する物を同定することを教えるのにかかった時間は、決して無駄にはなりません。というのは、これらのスキルを獲得することによって、子どもたちはスケジュールに従って行動することができるようになるからです。

第3章

初めての活動スケジュールの準備

Activity Schedules for Children with Autism

ブルック

　6歳になるブルックは、教師が初めてのスケジュールを作る前から、ライトブライト（lite brite/訳注：米国 Lite Brite 社のおもちゃで、透明なペグをボードに差して絵を作り、後ろから光を当てると綺麗な絵になるもの）、簡単な形の色塗り、ハイタッチすることをすでに学習していました。しかし彼女がその活動をするのは、誰かからそうするように指示された時だけでした。彼女の初めてのスケジュールブックには、5つの写真が貼ってありました。初めの3枚は、①ライトブライト、②クレヨンと色塗り用紙、③教師とハイタッチする、残りの2枚はまだやったことのない活動で、④プリソルブロック（Bristle Blocks/訳注：米国 Constructive Playthings 社のおもちゃで、プラスチック製の小さなブロックをつなげて形を作るもの）、⑤紙皿の上のレーズン、でした。それらの写真は彼女のスケジュールブックの1ページごとに1枚ずつ貼られ、写真に写っているものの実物が彼女の机の近くの本棚に並べられました。

　指導を始めて2、3週間後、ブルックは教師の「何かすることを探して」と言う指示に対して、確実に反応して行動するようになっていました。自分のスケジュールブックを開き、最初の写真を指さし、本棚のかごからライトブライトを取り、ペグで絵を作り、それを片付け、またスケジュールに戻り、ページをめくり、クレヨンの写真を指さす、などができました。ハイタッチの写真を指さした後は、彼女は手を挙げて教師に近づき、教師はハイタッチしながら言語賞賛や注目を与えました。ブックの最後の写真になると、ブルックは紙皿を彼女の机に持ってきてレーズンを食べ、ゴミ箱に紙皿を捨てました。以前彼女は、教師の手助けがなければどんな活動もすることができなかったのです。最初の写真活動スケジュールを使って、彼女は約20分間、遊びや学習活動を適切に行うことができるようになったのです。

活動を選ぶ

　もし、初めてのスケジュールに入っている活動のいくつかが子どものよく

第3章　初めての活動スケジュールの準備

　知っているものだったり、すでに習得しているものであれば、子どもがスケジュールに従って行動するスキルの学習は早くなります。初めてのスケジュールは短い方がよいです。活動は4つか5つまでにします。

　就学前の子どものための最初の写真スケジュールは、ジグソーパズル、スタッキングカップ（stacking cup/ 訳注：入れ子型のカップを積み重ねるおもちゃ）、高い高いの要求、型はめボックス、好きなお菓子、などになるかもしれません。6、7歳の子どものためのスケジュールは、ワークシートの線をなぞる、マグネットボードに文字や数字を順番に並べる、くすぐりの要求、レゴの車やポテトヘッド（Mr. Potato Head/ 訳注：米国 Hasbro 社のおもちゃで、パーツを集めて組み立てるとジャガイモの顔をした人形が出来上がるもの）、好きなお菓子を食べる、などの勉強や遊びの活動になるかもしれません。10歳の子どもの初めてのスケジュールは、上着をかける、トイレに行く、手を洗う、弁当箱などの片付け（例えば、台所のコーナーに水筒を片付ける、弁当箱を食洗機に入れる、保冷剤を冷凍庫に入れる）、片付けが終わったことの報告、自分のおやつを取ってくるなど、典型的な放課後の活動になるかもしれません。重要なのは、年齢相応の活動を選ぶことです。そうすることで、あなたの子どもや生徒が一人で自分のスケジュールに従って行動できるようになると、とてもスキルがあって、能力を発揮しているように見えます。

　年少児の場合は、各課題が終了したことがわかるように、終わりがはっきりしている活動を選ぶべきです。ジグソーパズルはすべてのピースをはめると完成し、

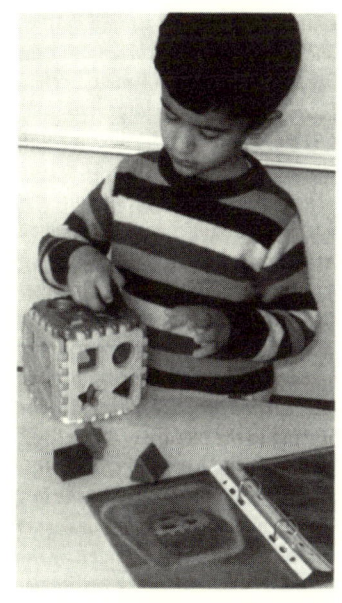

図3-1
トルコのイスタンブールで、5歳の子どもが写真のスケジュールを援助なしにこなしている様子。

ライトブライトはすべてのペグをボードに入れると終了となります（ペグの数を増減することで、この課題の難易度を調整できます）。ワークシートはすべてのなぞり書き課題をやり終えた時や、すべての形に色を塗った時に終了となります。ワークシートを作る際に、課題の数や複雑さを調節することもできます。

　活動を選ぶ際には、近所の玩具店や学校からもらうカタログが参考になるかもしれないし、家族に関係したものや子どもの現在のスキルや興味を反映した形で手作りすることもできます。例えば、タグ・カードやファイルフォルダー、マジックテープ（訳注：原書では"Velcro"。米国 Velcro USA 社の面ファスナーの商標。(株)クラレのマジックテープ®と同じような商品）を使って、マッチング課題を手作りすることもできます（母親の写真の下に記入された文字の上に、"M"、"o"、"m"を重ねる）。あるいは、数字と対象物の対応課題も

図3-2
数字と物のマッチング課題

第3章　初めての活動スケジュールの準備

手作りできます（2匹の犬の上に数字の2を重ねる、5匹の恐竜の上に数字の5を重ねる）。

　初めてのスケジュールは、おやつやその子にとって特に楽しい遊びで終わるようにします。あなたの子どもがスケジュールを使う時にこうした特に好きなものをとっておき、それ以外の時には使わないようにする方がよいでしょう。

　初めてのスケジュールに入れる活動が決まったら、子どもがそれを扱いやすい方法を考えます。プラスチックのトレー、プラスチックのかごや靴入れは、年少児が活動の用具を落とさないように収納するために使えます。これらの入れ物を使うことで、小さなピースを失くすことも少なくなり、子どもが決められた場所に活動用具を戻すことの学習の助けにもなります。

写真を撮る

　スケジュールに使用する写真を撮るためにプロの写真家になる必要はありませんが、簡単かつ重要なルールがいくつかあります。写真には標的となる活動や用具だけが写っているようにし、紛らわしくて混乱するようなものは写っていないようにすべきです。用具は無地の背景に写し、標的の対象物はフレームいっぱいに写すようにします。露出が不十分のものや、ピンボケしたものは使ってはいけません。

　もし写真を撮った経験がなければ、晴れた日に屋外で撮影するとよいでしょう。無地のカーペット、ベニヤ板、大きな厚紙、無地のテーブル掛け、歩道、その他反射しない表面のものを背景にします。あなたの影が写真に写り込まないように、日陰で撮影するものよいでしょう。

　無地の背景の上に1つの活動で使う用具全部を並べ、可能であれば、その使い方がわかるようにします。例えば、5ピースのパズルなら、4ピースをはめておき、残りの1ピースを横に置いておきます。プラスチックのかごにスタックカップが入っている場合には、カップをかごの中に入れておくか、

かごのそばに置くか、あるいは、かごにいくつか入れて、他のものをかごの外に出しておくかを決めます。もし、就学前の子どものおやつが紙皿に置かれたM&M'S（訳注：米国Mars社のチョコレートのブランド名。チョコレートを砂糖菓子でコーティングした粒状のチョコレート）であれば、ちょうどそこに置かれているように、紙皿の上にM&M'Sを置いて写真に撮ります。10歳の子どものおやつであれば、あなたが子どもに準備させたいように、ジュースが入ったコップ、クッキー、それにクッキーを乗せる皿を一緒に写真に撮ります。

プロのカメラマンなら露出を調整し、最適なカメラの設定で一枚撮り、シャッタースピードを速くしたものと遅くしたものそれぞれ1枚撮るか、レンズの絞り値の大きいものと小さいもの各1枚撮るでしょう。あなたも同じ用具について何枚か撮っておき、後で最もよい写真を選ぶこともできます。

デジタルカメラとプリンターがあれば、写真のデータを保存しておいて何度も印刷することが簡単にでき、多くの親や専門家は写真ライブラリーを保存しています。市販されている写真ライブラリー（例えば、Silver Lining Multimedia, 2000; Stages Learning Materials, 1997）も役立ちます。子どもが初めてのスケジュールを習得したら、次には新しい活動や用具を取り入れていくことになりますが、休暇で旅行したり、小児科医院を受診したり、親戚の家に行く際に、そのための特別なスケジュールを作る時に、以前のスケジュールに入っていた活動を使うこともあります。レゴで作る車の写真を年少児のスケジュールブックから剥がし、その代わりにもっと複雑なプラモデルを作る課題の写真を貼ることもあるかもしれませんが、古い写真とその用具は、祖母の家で使うスケジュールの一部として再利用することもあります。

用具を準備する

活動スケジュールで使う用具の写真を集めたら、それらを整理します。あなたの子どもの体格、年齢、運動スキルによって、9×12インチ（訳注：1インチは2.54cm）や7×9インチのバインダー、あるいはもっと小さなアル

第３章　初めての活動スケジュールの準備

バムに写真を貼ることもできます。３穴リングバインダーは開いた時に平らになり、「今やっていることを見失うこと」がないために便利です。

　必要な大きさに切った画用紙を４枚か５枚のプラスチックのページプロテクターに入れ、バインダーに挟みます。各ページの色やその他の無関係の刺激が子どもが写真に注目することの邪魔にならないよう、ページはすべてまったく同じにします。それぞれの写真をプラスチックのホルダーに入れます。ホビーショップなどで手に入る透明のプラスチック製の野球カードホルダーが便利です。

　最後に、丸や四角の形のマジックテープの片面をバインダーの各ページの真ん中に貼り、反対側のマジックテープをプラスチックの写真ホルダーの裏面に貼り、それをスケジュールブックのページに貼りつけます。こうすることで、あなたの子どもが初めてのスケジュールを習得した後に、写真の順番を変えることができます。第６章では、写真の順番を変えることの重要性に

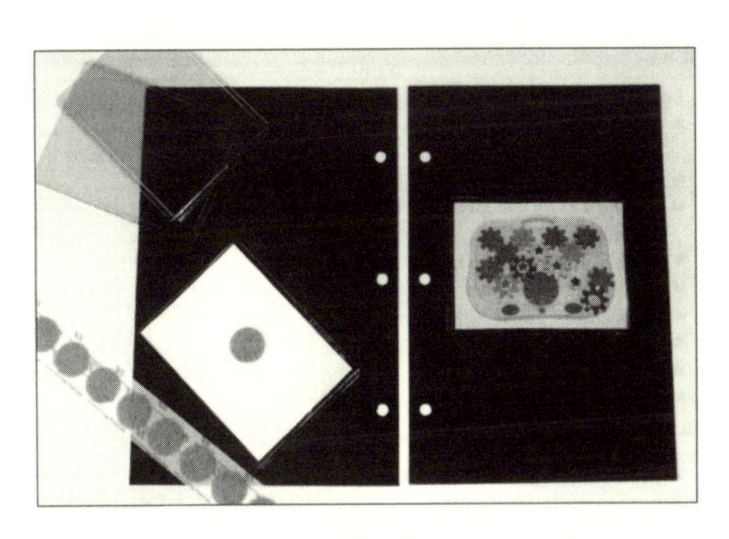

図３-３
最初の写真の活動スケジュール。写真をプラスチックの野球カードホルダーに入れ、そのホルダーをマジックテープでスケジュールのページに貼り付けている。

最初のスケジュールの準備と必要な用具	
スケジュール ■ カメラとフィルム、またはデジタルカメラとプリンター ■ 反射しない背景 ■ スケジュールに入れる用具 ■ 3穴バインダーまたはアルバム ■ プラスチックのページプロテクター ■ 厚手の画用紙 ■ 丸または四角のマジックテープ ■ 写真 ■ 野球カードホルダー	**トークンシステム** ■ クリップボード ■ コイン、星シール、ステッカー、にこにこシール ■ 丸いマジックテープ **社会的相互交渉課題** ■ ボタン式ボイスレコーダー※ ■ カードリーダーとカード※ **家　庭** ■ 本棚、棚、机の作業台 ■ ビン、かご、透明な容器、靴を入れる箱

※ボタン式ボイスレコーダー（付録B参照）とカードリーダー（付録C参照）はオプション。写真や文字にすることも可能。

図3-4

ついて述べます。

　活動は変化があるように配列しなければなりません。もし、続けて3つのパズルをしたり、あるいは4ページ分の点線つなぎをしなければならないような配列になっていたら、子どもの興味は薄れてしまうかもしれません。もし、子どもが2つのワークシートをする場合には、その間にタオルたたみやプラモデル作りなどを入れるようにします。また、好きなお菓子や活動を、スケジュールの最後の写真にすることも覚えておいてください。

ごほうびを決めて準備する

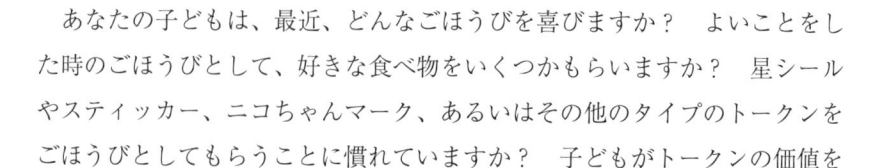

　あなたの子どもは、最近、どんなごほうびを喜びますか？　よいことをした時のごほうびとして、好きな食べ物をいくつかもらいますか？　星シールやスティッカー、ニコちゃんマーク、あるいはその他のタイプのトークンをごほうびとしてもらうことに慣れていますか？　子どもがトークンの価値を

第3章　初めての活動スケジュールの準備

まだ学習していなくても初めての活動スケジュールを始めることはできますが、あなたがトークンシステムを子どもに教えることができれば、スケジュールの学習はもっと早くできるでしょう。

　トークンとして硬貨を使うことには、たくさんの長所があります。この強化手続きによって子どもにお金の価値を教えたり、硬貨を数えたり特定することを教えたり、他の子どもと同じようにお小遣いとして使うこともできます（もちろん、あなたの子どもが年少児で、小さな物だと口に入れてしまうようなら、ポーカーチップ、ブロック、パズルのピースのようなもっと大きな物をトークンにした方がよいでしょう）。

　子どもにトークンシステムの使い方を教えることは、多くの場合、ほんの数セッションでできます。慣れている活動を指導のための活動に選び、あなたが普段与えているごほうびを用います。例えば、あなたは子どもに家族の写真やよく目にする物の写真、アルファベットの文字を指さしたり、命名することを教え、正反応にはごほうびとして音の出るおもちゃ、あるいは少しのクッキーやケーキ菓子を与えます。普段通りに指導セッションを行いますが、正反応の場合には、子どもにまず硬貨を与え、すぐに「ペニーをこちらにちょうだい。そうしたらクッキーをあげるわ」と言いながら、マニュアルガイダンスして硬貨とクッキーを交換します。子どもにはこの2つの反応をできるだけ早くさせ、正反応のたびに硬貨を渡し、すぐにそれをクッキーなどと交換させます。それから、クッキー、ケーキ菓子、おもちゃをもらえるまでに必要な硬貨の数を徐々に増やしていきます。

　あなたの子どもは、好きな物（クッキー）と新しい物（硬貨）がいつも対になっていることによって、硬貨の価値を学習するでしょう。また、交換に必要な硬貨を少しずつ増やしていくことで、子どもがごほうびをもらいすぎた時に起こる問題を防ぐことができます。特定の状況で私たちが食べたいと思うクッキーやケーキ菓子の数には限界があります。

　貨幣のトークンシステムを作るために、小さめの（6×9インチ）クリップボードを購入し、あなたの財布や化粧台の引き出しに入れておける硬貨を

33

図3-5
コイン（ペニー）を使ったトークンシステム。コインはマジックテープでクリップテープに貼り付けてある。

集めます。丸い形のマジックテープを硬貨の裏面に貼り、反対側のマジックテープをクリップボードに貼ります。子どもは好きな食べ物やおもちゃや活動と交換するために硬貨をたくさん獲得します。クリップボードの端に帯状のマジックテープを付けておくと、子どもがまだ交換していない硬貨をそこに貼っておくことができます。

トークンとして硬貨の代わりにプラスチックの文字や数字を使うこともできます。教師がアルファベットの文字を渡しながら「A！」や「あなたにはB！」と言った時、あるいは、プラスチックの数字を渡しながら「数字の1！」や「2！」と言った時に、アルファベットの文字や数字を対応させることを学習する子どももいます。文字や数字をトークンとして使うと、家族や動物、大好きな漫画のキャラクターの写真をラミネートしたものは子どもの興味を引くだけではなく、言語スキルを教えることにもなります。

環境を整える

多くの親の目標は、子どもが必要な物を自分で取ってきて、それを片付けることができるようになることです。これは、他のきょうだいと同様、自閉症の子どもにも当然抱く期待です。しかし、子どもはおもちゃや洋服、食べ物、教材がどこに置いてあるかを知っていなければ、片付けることはできません。初めての活動スケジュールに従って行動することを教えることは、子どもが使う用具を決められた場所に戻すことを教える機会にもなります。この重要なスキルの獲得を援助するためには、子どもの生活環境や学習環境を

第3章　初めての活動スケジュールの準備

整える必要があります。

　スケジュールに従って行動することを教える前に、教えるために適切な場所（教室、寝室、リビング、家族の部屋など）を決め、用具を棚や本棚、テーブル、机の上に（左から右に一列に）置くことで、子どもが手に取りやすくなります。用具は子どもの手が届く範囲に置き、活動が終わってかごや箱を戻すのに十分なスペースがあるようにしておきます。現在の状況でそうしたスペースがなければ、本棚やその他の棚を買った方がよいかもしれません。もし、前に述べた放課後のスケジュールを計画する場合には、皿やクッキー、ナプキン、ジュースがいつも置いてある台所の食器棚や引き出し、冷蔵庫を利用することになります。

社会的相互交渉スキルを準備する

　自閉症の幼稚園児ゴードンの例は、活動スケジュールに社会的相互交渉を組み入れる方法のよい例です。2歳の時、彼は最初の写真活動スケジュールに従って行動することを学習しました。シャボン玉の写真が彼のスケジュールブックに貼られ、当時まだ話すことができなかったので、彼はその写真をスケジュールブックから剥がし、母親か父親にそれを渡すことを教えられました。両親はそれに対して簡単な言語モデル（「シャボン玉！」「シャボン玉楽しいね！」）で応じ、シャボン玉を作って、ゴードンがそれを捕まえようとして喜ぶようにしました。

　3歳になって、ゴードンが単語や句の模倣学習をする際に、指導者は社会的活動を彼のスケジュールに加え、同時に、小さなボタンで作動するボイスレコーダーを使い始めました。指導者はペンで録音ボタンを押

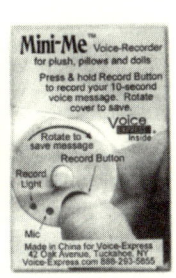

図3-6
ボタン式ボイスレコーダー。
購入は付録Bを参照。

35

図3-7a
パペットの写真が入ったゴードンのスケジュール。

図3-7b
ゴードンはパペットとそれに付いているボタン式ボイスレコーダーを見つけ、ボタンを押して「見て」という音声を流す。

図3-7c
それから近くにいる指導者にパペットを見せ、「見て」と言う。

し、単語をあらかじめ録音しておきました。社会的活動を示す写真を、ゴードンのスケジュールブックのページに貼りました。1つのページには、大好きなおもちゃのトラのハンドパペットの写真が貼られました。ゴードンは写真を指さし、近くに置いてあるパペットとボイスレコーダーを探し、レコーダーのボタンを押して、録音してある「見て」を出力することを学習しました。彼がパペットを持って教師に近づき、録音してある単語を模倣すると、教師は彼が理解できる言葉、例えば、「トラは"ルルル"って言っているね！」と反応しました。それからごほうびとして、くすぐり、ぴょんぴょん、高い高いをしてあげました。

第1章では、活動スケジュールに社会的相互交渉の課題を入れることの重要性について述べました。これを行うにはいくつかの方法があります。他の活動と同じように、社会的相互交渉も写真によって表すことができます。例えば、片手を上げている子どもの写真は挨拶（「やあ」と手を挙げる）、親の前に子どもが立って両手を挙げている写真は高い高いの要求、おんぶされている写真は家族がおんぶしてあげるこ

第3章　初めての活動スケジュールの準備

とを表しています。これらの写真を使うことによって、まだ話し言葉を獲得していない子どもでも社会的活動を開始したり参加することができます。

　もし、あなたの幼い子どもがすでにいくつかの単語を読めるのであれば、社会的活動の手がかりとして文字を使うこともできるかもしれません。「ジュース」や「くすぐり」といった単語は、子どもがあなたに近づき、「ジュースください」「くすぐって」と言うことを表すために使えるかもしれません。あるいは、十分に読むことができる場合には、スケジュールに「おわりました」「ワークシートがおわりました」「ぼくのえをみて」などの短い文を入れることができるかもしれません。

　私たちの経験では、初めての活動スケジュールに従って行動することを学習している多くの子どもたちは、まだ読むことができず、やっと話し始めたばかりの子どもたちです。その子どもたちはいくつかの単語の模倣ができても、自発的な会話や社会的相互交渉を自分から始めることはできないので、それらは重要な目標になります。こうした子どもたちの場合には、ボタンで作動するボイスレコーダーやカードリーダーが、活動スケジュールの用具としてよく使われます。

　カードリーダーは、帯状のオーディオテープが貼り付けてある特殊なカードを使用するテープレコーダーです。親や専門家は子どもが発話できそうな単語や文をカードリーダーを使って録音し、子どもが自分のスケジュールでそのカードと写真のページにきたら、そのカードをカードリーダーのスロットに入れ、自動的に再生される単語や文を聞き、家族や指導者にそれを模倣して言うことを教えられます。例えば、子どものスケジュールの中に三輪車の

図3-8
カードリーダーとカード。
購入は付録Cを参照。

写真とカードが出てきたら、その子は「見てて」という文を再生し、親に近づいてその文を言い、その後で三輪車に乗ります。別のページでは、子どもは抱っこの絵や写真を見て、「好きよ」という文を再生し、親に近づいてその文を言い、抱っこしてもらいます。あるいは、スケジュールの他のページでは、子どもは親に近づいて、「パズルできたよ」という文を言います。図3－8に、カードリーダーとカードを載せてあります。付録Cに購入方法の情報も載せています。

　子どもがスケジュールに従って行動することを十分学習し、スケジュールにある写真や文字単語、ボタンで作動するレコーダー、カードリーダーとカードの使い方を学習したら、子どもが自分から会話を始めたり、会話の相手や内容を自分で決めることができるように、そうした手がかりを徐々に減らしていきます。文字単語や録音した単語や文のフェイディング手続きは第10章で詳しく説明しますが、本書と同じシリーズの『自閉症児に会話を教える－スクリプトとスクリプト・フェイディング（*Teaching Conversation to Children with Autism: Scripts and Script Fading*）』（McClannahan & Krantz, 2005）にも詳しく述べられています。

　もし、あなたが子どものスケジュールの中にカードリーダーの使用を入れることを計画しているのであれば、それを簡単に手が届くテーブルや机、棚に置き、あらかじめ録音しておいたカードをスケジュールブックの中に入れるか、活動スケジュールに入っている他の用具と一緒に見れるようにします。

ローソン

　私たちがローソンによくできた時のごほうびとしてクッキーの代わりに硬貨をもらうことを教えた数週間後、私たちのもう一人の娘セシリーが、妹が彼女の洋服ダンスの引き出しにあるカップから硬貨を取ってしまうと訴えてきました。私たちはこのことを喜びました。なぜなら、このことは、スケジュールに従って行動したことに対して与えている硬貨を、ローソンが価値のあるものとして捉えていることの完璧な証拠なのです！（私たちは姉に新しい小銭入れを

第3章　初めての活動スケジュールの準備

与え、洋服ダンスの引き出しの中でちょうどよい場所を一緒にさがしてやりました）

ルイス

ルイスが写真の活動スケジュールを始めた時、彼はまだ3歳でした。教材のカタログの中に、大きさがちょうどよい頑丈なプラスチックの容器がついた木製の棚を見つけました。私たちは、彼におもちゃを片付けることを教えるのに最適な方法だと思いました。しかし、棚から容器を取り出すには彼はまだ小さくて、いつもそれを落としてしまい、中身を床にまき散らしてしまったのです。彼の身長はまだ低く、容器の中を覗くことができず、そのために多くの失敗をしてしまったのです。また、彼が木製のパズルを容器に戻し、それを持ち上げようとしたら、その重さのためにたびたび転んでしまったのです。私たちはその棚を兄の部屋に移し、もっと低い棚ともっと軽くて彼にも簡単に操作できる透明のプラスチック製の容器を買ってきました。このように変更すると、指導はもっと速くうまく進むようになりました。

ロス

ロスはすでに掃除機でリビングを掃除することはできましたが、私たちが頼まない限り手伝ってくれることはありませんでした。そのため、リビングで彼が掃除機の取っ手を持っている写真を撮り、彼のスケジュールに付け加えました。しかし、彼がページをめくってその写真を見るたびに、彼はテーブルの上に置いてあるキャンディの皿にまっすぐ進むので、私たちはいつも彼を正しいスケジュールに誘導しなければなりませんでした。ある夕方、私たちは彼の進歩について話し合いながら、彼のスケジュールブックを指でめくっていました。そして突然、私たちは写真の暗い背景の中にキャンディの皿が写っていることに気がついたのです。それは、ロスにとってその写真の中で最も重要な部分だったのです。翌日、私たちは無地の背景を作るために、ロスの後ろに白いシートを掲げて新しい写真を撮りました。彼はすでに何度もやっていること

なので、この誤反応の修正には数週間かかりました。

第4章

特別な指導方法

Activity Schedules for Children with Autism

さまざまな活動をマニュアルガイダンスを使って子どもに教えることは、今までやったことがなく、少し不自然に見えるかもしれません。なぜ私たちはそのような変わった指導方法を勧めるのでしょうか。その答えは、プロンプトと関係しています。

　プロンプトには、教示であったり、身振りであったり、実際にやってみせたり、ちょっと触れたりなど、子どもが正反応をする可能性を増やすために、私たちが計画的に行うさまざまなことが含まれます。ロバース（Lovaas, 1977）はプロンプトを、「事前の訓練がなくても、あるいはほんの少しの訓練によって、望ましい反応の手がかりとなるもの」（p.20）と定義しています。例えば、教師が「立ってください」と言っても子どもが立たなかったら、大人は立つ姿勢になるよう彼の身体を持ち上げます。もちろん、私たちの目標は、援助がなくても子どもが正反応できるよう、できるだけ早くプロンプトを取り除くことです。

　断続試行型の言語訓練では、私たちはよく子どもに、何と答えればよいかを言ってあげる、というプロンプトを与えます（「これは何？『りんご』よ」）。通常、断続試行指導では、大人が指示を与えるか質問をし、子どもはそれに答え、大人がごほうびを与え、子どもはおやつを食べるかおもちゃで遊ぶかして、次の試行が始まるのを待ちます。子どもの反応は、待つ、反応する、ごほうびを使うか食べる、です。したがって、受動的に待つという行動も、繰り返し強化される反応のひとつとなっているのです（McClannahan & Krantz, 1997）。おそらくこのことが、会話やたくさんの役立つ活動を学習した自閉症児の多くが、指示されない限り発話しなかったり、やり慣れた課題をしようとしないことの答えです。これは、子どもに活動スケジュールを教える理由のひとつとして、私たちが指摘する点です。私たちは子どもたちに、自分から活動を始め、それをやり終え、誰かが指示するのを待つことなく次の活動に移れるように指導します。

　活動スケジュールの指導方法は、別の点でも通常の教育と異なっています。定型発達の子どもの教師は、通常、段階的増加型プロンプト（least-to-most

第4章　特別な指導方法

prompt/訳注：最小限のプロンプトから始め、徐々にプロンプトを増やしていく手続き）を用います。教師が質問をし（「鎖骨はどこ？」）、子どもが答えられなかったり間違った答を言ったら、教師は正しい答えのお手本を見せるかもしれません（「（自分の鎖骨を指さしながら）私の鎖骨はこれです」）。もしそれでもその子どもが正しく答えられなければ、教師は彼の手を彼の肩に持っていき、答えを教えるでしょう（「首から肩にかけてある骨が鎖骨よ」）。

　プロンプトを増やしていく手続きは、定型発達の子どもにとってはよい結果をもたらすかもしれませんが、それはたくさんの誤反応をする可能性もあるため、自閉症児には有効でないことも多いのです。自閉症児は一度間違えるとそのやり方を繰り返しやすく、その誤反応をしないように援助することがとても難しくなります。さらに、誤反応にはごほうびを与えないので、子どもが集中力をなくしたり問題行動を起こす可能性もあります。

なぜマニュアルガイダンスを使うのか

　すでに述べたように、通常の指導方法と比べて、活動スケジュールを教えるために用いる指導方法は、マニュアルガイダンスによる段階的減少型プロンプト（most-to-least prompts）の手続きです。誤反応を防ぐために、私たちはまず完全なマニュアルガイダンスを行い、子どもが正反応をするようになるにつれて、徐々にガイダンスを減らしていきます。この身体的ガイダンスを注意深く減らしてく手続きは、段階的ガイダンス（graduated guidance）と呼ばれます。そして、本章の後半で紹介する、プロンプト部位のフェイディング（spatial fading）、シャドーイング（shadowing）、距離のフェイディング（dicreasing physical proximity）に移行していきます。これらの手続きによって、自立が促され、自閉症児が即時の援助がなくても活動を達成することができるようになります（Pierce & Schreibman, 1994）。

スケジュールに従うスキルの指導方法

指導の準備
- 用具を準備する
- ごほうびを準備する
- トークンを近くに置く

↓

最初の指示を与える
(例：「何をしますか？」)

↓

以下のことを、マニュアルガイダンスを使ってすべてさせる
- スケジュールブックを開くか、ページをめくる
- 写真を指さす
- 用具を持ってくる
- 活動をやり終える
- 用具を片付ける

ごほうびを与える
- 後ろからお菓子を与える
- 後ろからトークンを与える
- 見せながらトークンを与える

↓

プロンプトフェイディング手続きを使う
- 段階的ガイダンス
- プロンプト部位のフェイディング
- シャドーイング
- 距離のフェイディング

↓

誤反応修正手続きを使う
- 前の段階のプロンプトフェイディング手続きに戻る
- スケジュールブックを閉じ、再度指導セッションを始める
- やり直す：マニュアルガイダンスに戻り、すべてのスケジュールを再度教える
- ごほうびを見直す
- 誤反応がたくさん起きる活動を別なものに替える

図4-1

第4章　特別な指導方法

指導にあたっての準備

　最初の指導セッションの前に、用具を準備します。写真の活動スケジュールを作業台の左上に置き、用具を作業台か近くの棚の上に順番に並べましょう（後で、子どもがスケジュールに従うスキルをさらに身に付けたら、用具の配列を時々変え、それを自分で棚から見つけるようにすることも大事です）。

　子どもが机やテーブルで作業や遊びをする場合には、棚はその近くに置きます。子どもが床で遊ぶ場合には、そこで使う用具の隣に散らかっていない空いたスペースを用意します。スケジュールブックがいつもはっきり見えるように、上手に空きスペースを使います。

　お菓子（例えば、チーズの小片、りんご一切れ、クッキー、ぶどう、シリアル等）をごほうびとして使う場合には、それらを容器に入れ、あなたの手の届く場所に置いておきます。大きなものや、すぐに飲み込めないお菓子（キャラメル、くまの形をしたグミ、固めのキャンディ等）は避けるようにしないと、子どもが間違った反応をしている間も、ごほうびを食べているようになってしまいます。子どもがトークンシステムを習得していれば、それも子どもが使う作業台の側に置きます。

　あなたが初めから終わりまで子どもに注意を向けていられれば、それはとてもよいことです。例えば、指導セッションの間は、ドアのノックや電話に応じず、家族や同僚との会話もしないようにします。難しいかもしれませんが、テレビの音、子どものきょうだいや他の生徒が遊んでいる音、家族や他のセラピストの入室などに気をとられないようにしましょう。

最初の指示

　指導セッションを始める準備ができたら、「おもちゃで遊びなさい」「何をするか決めなさい」「放課後の作業をする時間です」といった、最初の指示をひとつします。子どもが上手にスケジュールに従って行動できるようにな

45

った後でも、難しくなく、適切で、全般的な指示を選びます。「遊んできなさい」「始めなさい」等の、あなたが他の子どもにするような指示でもよいでしょう。

その最初の指示は一度だけします。指示を与えたら、子どもがあなたと関わることを合図する写真を開くか、そのスケジュールをやり終えるまでは、話しかけないようにします。大人の指示から自立することを指導している、ということを忘れないでください。

マニュアルガイダンス

最初の指示をした後は、子どもの後ろに下がって活動スケジュールのガイドをします。彼女の肩や上腕を持って、スケジュールの方に向けるのが一般的なやり方です。あなたの手を彼女の手の上に乗せ、彼女がスケジュールブックを開き最初の写真を指さすようにします。それから彼女を標的になっている用具の方へ導き、それを取り、作業台か床に置くようガイドします。

次に、スケジュールブックに示されている課題を達成するように援助します。もしそれがやり慣れた課題（例えば、枠のあるパズルを完成させる）であれば、間違いを防ぐのために必要最小限のガイドだけにします。パズルを完成したら、それを持って、棚か作業台の元の場所に片付けるようにガイドします。それから、スケジュールに戻り、ページをめくり、次の写真を指さし、必要な用具を取って、机か床に持って行き、その課題を達成するようガイドします。

写真のスケジュールにあるすべての活動について、同じ手順を繰り返します。以下のように手を使って子どもをガイドします。

① スケジュールブックを開く、あるいはページをめくる。
② 写真を指さす。
③ そこに写っている用具を取って、作業する場所へ持って行く。
④ その課題を達成する。

⑤ 用具を元の場所へ片付ける。
⑥ スケジュールに戻り、ページをめくる。

多くの両親や教師が、この指導方法で一番難しいことは、うっかり子どもに話しかけないようにすることだ、と言います。あなたの言葉による指示がその活動の一環になってしまい、子どもや生徒の自立を妨げてしまうことになるかもしれない、ということを常に意識しておきましょう。

ごほうびを与える

スケジュールに従って行動する指導を始めたら、ごほうびを頻繁に与えます。お菓子をごほうびとして用いる場合には、子どもの背後から与えます。もし子どもが素直によく取り組んでいたら、側にまわってお菓子を口に入れてあげます。適切な行動の生起とほぼ同時にごほうびを与えるよう、タイミングを意識します。これをできる限り頻繁に行い、行動が遅れたり、間違えたり、あなたのガイダンスに抵抗したり、かんしゃくや常同行動をした時には、ごほうびを与えないようにします。

トークンシステムを習得した子どもには、即時に食べ物のごほうびを与える必要ありません。トークンシステムを用いる場合には、コインやステッカー、ニコちゃんマークなどを、子どもが気づくような形で与えます。彼がスケジュールブックを使っている時や、用具を取ってきたり戻したりしている時には、トークンが与えられるのがすぐに見えるように、作業台のすぐ近くにトークン表を置きます。彼が床で遊んでいる時や、机の上で活動を達成しようとしている時には、その場所へトークン表を移動させます。しかし、トークンを与える時は前からではなく、子どもの後ろから与え、適切に行動した時だけ与えることを忘れてはなりません。私たちは新人の教師やセラピストを教育する時に、子どもはごほうびが与えられた時にしていた行動の頻度が増える、ということを意識することが大切だと伝えます。子どもが写真を指さしている瞬間にごほうびを与えれば、その子どもが写真を指さす可能性

はさらに増加するでしょう。子どもが何もしないでいたり休んでいる時にごほうびを与えれば、そうした遅れをもたらす行動がさらに頻繁に起こるようになるでしょう。子どもに繰り返してほしくない行動に対しては、ごほうびは与えません。

最初の活動スケジュールに取り組む前にトークンシステムを習得している子どももたくさんいますが、好きな食べ物や活動と交換するために、4つか5つのトークンしか獲得しない場合も多いです。このような子どもに対しては、実物のごほうびを使って、コインやステッカー、その他のトークンの価値を補充するようにします。例えば、彼が写真を指さしたり、必要な用具を取ってきたり、活動を達成した時には小さなお菓子を与え、用具を片付けた時にはトークンを与えるようにします。最後の活動（特別なおやつを食べる等）の時に最後のトークンを与えるようにすれば、トークンの価値を上げることができるでしょう。トークンは追加のごほうび（あなたが褒めて注目しながら与える、特別なおもちゃ、お菓子、くすぐり、遊び等）と交換するものであることを覚えておきましょう。

「すべきこと」と「してはいけないこと」

「してはいけないこと」のひとつはすでに述べました。スケジュールが社会的活動を指示していない限り、子どもがスケジュールに従って行動することを学習している間は話かけてはいけない、ということです。すべて子ども自身でやってほしい活動を選んだら、子どもがあなたの指示に頼らないよう、簡潔な言葉掛けで援助してください。

もうひとつの「してはいけないこと」は、ジェスチャーです。最終的に、子どもは自身のスケジュールを持ち、自分で活動を選び、順序を決め、それを達成します。しかし、あなたのジェスチャーが不可欠な手がかりになってしまったら、そのようなレベルでの自立は難しくなってしまいます。彼が迷った時は、後ろからガイドするようにし、スケジュールブックやおもちゃを

指さしてはいけません。

　新人の教師やセラピストを教育する時、私たちはよく「間に入らないように」と教えます。それは、子どもとスケジュールや用具の間に、あなたの身体のどの部分も入らないようにすることです。実際の服が置いてあり、スケジュールに服の写真が貼ってあることは、着替えを意味します。自由に使えるコンピューターがそこにあり、スケジュールにコンピューターの写真が貼ってあることは、キーボードをタイプすることを意味し、食べ物を用意する課題と、蛇口の下に手がある写真があれば、手を洗うことを意味します。子どもと用具の間に立ったり、後ろからではなく前からガイドすることは、自分で課題を達成するという学習を遅らせてしまうことになるでしょう。

　一方で、あなたは自立を促す重要な決定をすることができます。子どもが常同行動や問題行動を始めた時は、すぐにスケジュールにある活動をするようにガイドします。もし子ども写真を指さしたり、用具を取ってきたり、活

指導中の「すべきこと」と「してはいけないこと」

すべきこと	してはいけないこと
用具を棚や本棚に置く	散らかっていたり整理整頓されていない場所で、最初のスケジュールの指導を行おうとする
ドアのノックや電話に応じなくていいよう準備する	テレビや他の子どもによる音を気にする
用具を順番に並べる	子どもと用具の間に入る
事前にごほうびを用意する	指導で使うごほうびを他のときにも用いる
開始の指示をひとつだけする	社会的活動以外で話しかける
誤反応や遅れを防ぐために即座にマニュアルガイダンスをする	指さす、ジェスチャーをする、やってみせる、子どもを前方からガイドする
頻繁にごほうびを与える	子どもの行動が遅れたり、不適切な行動をしたときにごほうびを与える

図4-2

動を達成するのが遅れたら、誤反応や不適切な反応をする前にマニュアルガイダンスをします。泣いたり、言葉で抵抗したり、活動を止めようとする場合には、続けるようガイドします。図4-2は「すべきこと」と「してはいけない」をまとめたものです。

段階的ガイダンス

すでに述べたように、指導は子どもの手の上に指導者の手を乗せたマニュアルガイダンスで始めます。しかし数セッションすると、子どもがあなたのガイダンスに頼らなくなってきていることに気づくでしょう。あなたの援助に頼らなくても、子どもはページをめくるために手を動かし、本棚の方に向かい、レゴブロックを取り出し、それをかごに戻しているように感じるでしょう。その場合、ガイドするのではなく、ただあなたの手を子どもの手の上にそっと置くだけにしてみましょう。子どもの反応から、どのくらいのガイダンスが必要なのかがわかります。例えば、あなたのガイダンスがなくても子どもがパズルのピースをはめることができれば、ガイドするのを止めます。しかし、誤反応を防ぐためのガイダンスはします。子どもの手がスケジュールにある写真と関係のないおもちゃへ向かっていると感じた時は、すぐに彼の手を正しいおもちゃへガイドしましょう。もし、子どもがしばしばビーズを口に入れようとするなら、糸にビーズを通すようガイドしてこの行動を防ぎます。

子どもたちには、通常、早く習得できる課題と、それに比べて習得が遅い課題があります。ページをめくることを学ぶのにマニュアルガイダンスを長く使う必要のある子どももいれば、用具を棚の元の位置に片付けることを習得するのにガイダンスを長く必要とする子どももいます。また、カードをカードリーダーに通すことやボイスレコーダーのボタンを押すのに、ガイダンスが必要な子どももいます。子どもの動きを注意深く観察することによって、どの反応にはガイダンスが必要で、どの反応にはガイダンスが必要ないかが

第4章　特別な指導方法

わかるでしょう。子どもが標的の活動をしている間、あなたの手がほとんど子どもの手に触れていないような状況になれば、プロンプト部位のフェイディング（spatial fading）に移行することができます。

プロンプト部位のフェイディング

　プロンプト部位のフェイディングとは、マニュアルガイダンスする身体部位を徐々に変えていくことです（Cooper, 1987）。子どもがスケジュールの写真を意図的に指さしている場合には、教師はこの課題に対して、手の上に手を乗せるプロンプトを止め、子どもの手首を軽く持つようにします。それでも子どもが写真を指さしできていれば、子どもの前腕に軽く触り、その後は上腕、そして肘を軽く持つだけでよくなります。そしてそれでも正反応が続けば、教師は子どもが指さす時に肩を軽く触るだけでよいでしょう。

図4-3

(a) パズルはジャックの今までのスケジュールにも入っていましたが、これほどたくさんのピースがあるパズルを完成したことはありません。指導者は段階的ガイダンスを用いて、彼がパズルを始めるように援助しました。
(b) 10秒以上の静止があったときに、指導者はプロンプト部位のフェイディングを用い、子どもの上腕や肩に触れました。
(c) 子どもが活動に集中しているときには、指導者は子どもの動きをシャドーイングします。
(d) それから指導者は徐々に子どもから遠ざかり、指導者の存在感を減らしていきます。

51

この指導方法を上手く用いるためには、注意深く子どもの行動を観察することが不可欠です。最初のスケジュールを指導する際も、マニュアルガイダンスを続けなければならない反応と、プロンプト部位のフェイディングを用いてもよい反応が、はっきりわかるでしょう。プロンプトを少なくしていくタイミングが遅くなってしまうと、子どもの進歩を遅くしていまい、プロンプトフェイディングが早すぎると、子どもは誤反応をし、学習が妨げられることになります。いつプロンプトフェイディングするかは、子どもから学ぶのです。

シャドーイング

　もし、あなたがほとんど子どもの肩に触れなくても子どもが正しい行動をするようになったら、シャドーイング（shadowing）を始める時です。シャドーイングとは、実際には子どもに触れずに、子どものすぐ側で手を使って子どもの動きを模倣することで（Cooper, 1987）、それでも子どもが正反応を続ければ、あなたの手をだんだん子どもから離していきます。

　オーウェンが最初のスケジュールに従って行動することを学んでいた時、他の自閉症児と同じように、彼には段階的ガイダンス、プロンプト部位のフェイディング、シャドーイングを組み合わせた援助が必要でした。彼は用具を取りに行くことをすぐに習得し、この反応に対しては私たちもすぐシャドーイングを始めましたが、スケジュールブックを開く前にお菓子を食べようとしていました。私たちはこの誤反応を防ぐために、段階的ガイダンスを続けました。カップ積みを投げてしまうのを防ぐためにマニュアルガイダンスしましたが、形はめボックスにその形を入れることにはプロンプト部位のフェイディングを用いました。他のものに比べて習得の早い課題もありましたが、徐々にすべての課題がシャドーイングだけでできるようになり、彼と教師の距離のフェイディングを行う時期になりました。

第4章　特別な指導方法

距離のフェイディング

　子どもが活動スケジュールのすべての項目をシャドーイングだけで正しく達成できるようになったら、プロンプトフェイディングの最終段階です。あなたは自分の存在感を減らしていきます。最初は、子どもとあなたの距離が15cm程度になるくらいに離れます。それでも正反応が続けば、次のセッションでは30cmくらい離れて立ってみます。他のプロンプトフェイディングの場合と同じように、距離のフェイディング（decreasing physical proximity）をしていく判断は子どものパフォーマンスによります。その後のセッションで正反応が続けば、30cm、そして60cm、というふうに離れていきます。

　グループホームのセラピストたちは10歳になるアルのシャドーイングをして、着替えとベッドメイキングの写真を含む午前中の活動スケジュールを正しくできるようになりました。次に彼らは、アルとの距離を15cmにしました。彼らが30cm離れていても、アルは間違えないで標的の活動を達成したので、45cm、60cmと離れていきました。やがて彼らは寝室のドアの外に立ち、そして廊下の角を曲がって、アルの視界に入らないようにしました。彼が外に出てきた時に、こっそり彼の身なりや寝室を観察・確認すると、即時の指導がなくても着替えやベッドメイキングができるようになったことがわかりました。

誤反応の対応

　活動スケジュールに従うことを学んでいる時、誤反応をしない子どもはいません。子どもは初め、何をすればいいのかわかっていません。それに加え、ほとんどの子どもはそれ以前に、例えば、大人の指示を待ったり、大人がおもちゃを与えてくれるのを待つ、スケジュールに入っているお菓子を好きなように食べる、本のページをめくらずにパラパラする、目的を持っておもち

53

ゃを使うのではなくただくるくる回すというような、スケジュールに従って行動するのとは矛盾した反応を学習してしまっているのです。
　すでに述べたように、段階的減少型プロンプトは誤反応をいつでも防ぐことのできるものですが、とても経験のある臨床家でもそれができないことがあります。子どもが驚くような早さで動いたり、完全に予想外の行動をしたり、マニュアルガイダンスを上手くすり抜けたり、問題行動を始めてしまったり、正反応をしているように見えても最後には誤反応になってしまったりすることがあります。
　誤反応に対処する方法は、前の段階のプロンプト手続きに戻ることです。誤反応をしている子どもにシャドーイングをしているのであれば、プロンプト部位のフェイディングに戻ります。プロンプト部位のフェイディングを用いているのであれば、段階的ガイダンスに戻ります。そして段階的ガイダンスを用いているのであれば、手の上に手を乗せて行う完全なマニュアルガイダンスに戻ります。子どもが誤反応していたスケジュールの項目を2回以上正しく反応するまで前の段階の手続きを行い、そしてまたプロンプトをフェイディングしていきます。例えば、子どもが用具を片付ける前にスケジュールの次の項目に移ろうとしたら、子どもがひとつかふたつのビンを正しく棚に片付けることができるまで前の段階のプロンプト手続きを用います。もし誤反応がスケジュールの最後の方で起きたら、次の指導セッションでは前の段階のプロンプト手続きを用いる必要があるかもしれません。
　もしあなたが段階的ガイダンスを用いている時に、息子がページをめくったり写真を指さしたりする前に用具を取ってしまったら、完全なマニュアルガイダンスをし、ページをめくって写真を指さすことを援助します。その後何回かページをめくって写真を指さすことを完全なマニュアルガイダンスで行い、それから段階的ガイダンスに戻します。あなたの娘がパズルを置く時にシャドーイングしていて、彼女がそのパズルを完成する前にそれを片付けようとしたら、プロンプト部位のフェイディングに戻り、そしてもし誤反応が起きれば、段階的ガイダンスに戻します。

第4章　特別な指導方法

　誤反応が繰り返し起こる場合は、子どもがその課題をまだ習得していないか、そのプロンプト手続きが上手くいっていないことを示しています。このような状況では、代わりの手続きをいくつか考えなければならないかもしれません。そのひとつは、もう一度最初から始めることです。手の上に手を乗せてガイダンスすることから始め、スケジュールのすべてを指導し直します。他の選択肢としては、誤反応が起きたら、スケジュールブックを閉じ、用具を元の位置に戻し、もう一度初めからそのセッションの指導をやり直すこともできます。しかし、スケジュールにある特定の活動を何度もさせるようなことはしません。子どもはその活動を何度も達成しなければならないものと学習してしまうかもしれないからです。

　誤反応に対応する別の方法として、スケジュールを短くすることもあります。4つか5つの活動から成るスケジュールで複数の間違いを起こすより、3つの活動から成るスケジュールを正しく遂行する方が子どもにとってはよいでしょう。最初のスケジュールを誤反応なしで達成できれば、その後いつでも活動を追加することができます。

　用いるごほうびを考え直してもよいのです。子どもが好きな別のお菓子やおもちゃはないでしょうか？　ごほうびは頻繁に与えられているでしょうか？　そして、スケジュールの活動を見直すこともできます。誤反応しやすい活動はあるでしょうか？　例えば、あなたの子どもはいつも色分類課題やなぞり書きのプリント課題の時に誤反応をしていないでしょうか？　彼はいつもレゴブロックを積み上げるのではなく、横に並べてはいないでしょうか？　もしある活動でいつも誤反応が起きていれば、それを取り除き、違う写真や用具に取り換えることもできます。

　最後に、マニュアルガイダンスに対する子どもの反応を評価することも大切です。もし子どもがいつもかんしゃくを起こしたり抵抗を示しているのであれば、活動スケジュールを一時中断し、身体接触やガイダンスを子どもが受け入れられるようになる指導（第2章参照）に戻ることが必要です。

まとめ

　今、あなたはこんなにたくさんのことをどうやって同時に行うことができるのだろうかと思っているかもしれません（これらすべてのフローチャートは図4-1を参照）。あなたは子どもをマニュアルガイダンスし、食べ物のごほうびを口に入れ（まだトークンが十分に学習されていない場合）、コインやステッカーを獲得したと気づけるような形でトークンを与え、子どものどの反応に段階的ガイダンス、あるいはプロンプト部位のフェイディング、シャドーイングの援助が必要なのかを判断し、そして誤反応修正手続きも準備しておかなければなりません。

　私たちは通常、練習や他の人からのフィードバックを通して、この複雑なレパートリーを学習します。子どもの成功と失敗から、次のセッションであなたの行動をどう変えればよいか学びます。そしてもしあなたと別の人が一緒にその指導計画を行うことがあれば、指導手続きが正しく実施されている時と、指導手続きが間違っている場合を観察したり、助言することによって、もう1人の人を助けることができるでしょう。

　時々、両親と専門家の両方が、不注意で誤反応を教えてしまったことに気がつくことがあります。このような事態が起こった時には、子どもの行動は柔軟で環境に順応しやすいという科学的認識を再認識することで解決できます。指導方法を変えたり、ごほうびをより魅力的なものに変えたり、写真や用具を変えることによって、誤反応を修正し、子どもが重要な次の段階に到達できるよう支援することが可能です。

第5章

スケジュールに従う行動を測定する

Activity Schedules for Children with Autism

はじめに

　データの収集は子どもに活動スケジュールを教える際に大切なことですが、親や教師の中にはデータの収集に関心を持たない人もいます。子どもにスケジュールに従うことを教える際には、注意すべきことがたくさんあります。また、子どもが自分でスケジュールをこなすようになると、子どもが新しいスキルを獲得したことは誰の目にもはっきりわかります。そのため、なぜ面倒なデータ収集をしなければならないのか、よくわからないかもしれません。

　この問いの答えは、いくつかあります。第1に、子どものパフォーマンスのデータから誤反応しやすい課題が見つかり、第4章で述べた誤反応修正手続きの適用がしやすくなります。第2に、データを見ることで、プロンプトのフェイドアウトをする時期の判断ができます。最後に、データから、いつスケジュールに変化を加えたり、いつ新しいスケジュールを導入するかの判断がしやすくなります。キップの両親は彼が最初のスケジュールを習得したと報告しましたが、指導者のデータでは、スケジュールの各項目は68％から74％の正反応でした。このデータは、まだ指導を続ける必要があることを示していました。

　簡単な観察だけでは、不正確なことも多くあります。大人が子どもに知らずしらずにプロンプトを出していることがあります。例えば、ページをめくろうとしている子どもの方に一歩近づいたり、子どもが拾い上げようとしているおもちゃに向かって手を伸ばしたり、子どもが正しい物品に手を伸ばしている時にちょっと息を吸ってみたり。こうしたプロンプトは、年少児にとって、スケジュールの中の写真やそれに対応する物品よりも手がかりとなってしまうことがあります。その結果、そうしたプロンプトがないと、誤反応になってしまうのです。

第5章　スケジュールに従う行動を測定する

データ収集

　子どものスケジュール使用についてデータを収集することは実際には難しくなく、データを見ることで子どものパフォーマンスについての詳細な全体像がわかります。データから一つひとつの反応を吟味することができ、課題のどの部分が難しいかを特定することができ、一番必要な時に正確な教示を与える準備ができるのです。年少児のスケジュールに従うスキルをきめ細かく分析するために、それぞれの課題を複数の要素に分割します。

　スケジュールに関する活動の大半は、5つの項目から成っています。①スケジュールブックを開く、またはページをめくる。②写真を見て指さす。③写真に写っている用具を持ってくる。④課題をやり終える。⑤課題を片付ける、の5つです。それぞれについて、正反応はプラス（＋）、誤反応はマイナス（－）で記録します。指導を始める前に、まず記録用紙の左の欄にスケジュールと同じ順番ですべき行動を記入し、クリップボードに記録用紙を挟んでおきます（未記入の記録用紙は別表Dを参照）。

　就学前の子どもに6ページのスケジュールブックの使い方を教える場面を考えてみましょう。ブックに載っている写真はパズル、型はめ、くすぐり、ポテトヘッドのおもちゃ、色のマッチング課題、お皿に入ったレーズンです。もし子どもが自分のスケジュールブックの最初のページを手助けなしに開けたら、パズル課題の最初の項目「ブックを開ける／ページをめくる」は、正反応（＋）と記録します（図5－1参照）。2番目の項目「写真を見て指さす」は、子どもが写真を見て指さしたら正反応とします。あなたは子どもの後ろに立っていて子どもの視線の方向は見えませんが、子どもの頭が写真に向けば見ていると判断してよいでしょう。もし子どもが写真の方に顔を向けなければ、やさしく子どもの肩を持って写真の方を向くようにガイダンスし、この項目を誤反応（－）と記録します。

　3番目の項目「用具を持ってくる」は、スケジュールからパズルやパズルの入った箱に向かって移動し、それを取り、テーブルや床に持ってきたら、

スケジュール従事の記録用紙

記録者：父
記録日：2009年12月20日

活　動	ブックを開く ページをめくる	見て指さす	持ってくる	やり終える	片付ける
パズル	−	＋	−	−	−
型はめボックス	−	−	＋	＋	−
くすぐりの要求	＋	−	N/A	＋	N/A
ポテトヘッド	−	−	−	−	−
色マッチング	−	＋	−	＋	−
お菓子	−	＋	−	＋	−
正反応数	1	3	1	4	0

正反応数の合計：9
行動項目の合計：28
正　反　応　率：32％

図5−1
スケジュール従事の子どもの習得度を測定するための記録用紙の例。
未記入の記録用紙は付録Dを参照。

正反応とします。4番目の項目「課題をやり終える」は、子どもがパズルの全ピースをはめた（箱があるならパズルを箱に戻した）場合、正反応とします。そして5番目の項目「片付ける」は、子どもがパズル（または箱に入れたパズル）を元々それが置いてあった棚や本箱に戻したら正反応とします。

　子どもがあなたの手助けを受けずに行動項目を行うことができた場合に、正反応と記録します。すなわち、あなたが子どもに触れず、話しかけず、用具に向かってジェスチャーをせず、あるいは正反応を促す手助けとなりそうなことを一切しなかった場合です。もしあなたが何らかの手助けをした場合

第5章　スケジュールに従う行動を測定する

には、その項目は誤反応と記録します。さらに、もし子どもが10秒以上無反応だったり反応が遅れた場合や不適切な行動が生じた場合には、その項目を誤反応とし、正反応させるためにプロンプトします。

　スケジュールの活動のほとんどは5つの行動項目ですが、中には5項目より少ないものもあり、社会的相互交渉は3項目だけです。図5-1のスケジュールには、活動として「くすぐりの要求」が入っています。その場合の子どもの行動項目は、ページをめくる、くすぐられている写真を見て指さす、誰かの所に行き「こちょこちょして」と言うです。用具を持ってきたり片付ける必要はなく、この2項目にはN/A（あてはまらない）と記入します。

　図5-1の記録用紙では、その子は色マッチングのページを一人でめくることができなかったので「－」と記入されています。しかし、ガイダンスを受けてページをめくった後、子どもは色マッチング課題が写っている写真を見て指さしたので、親はその行動項目に「＋」と記入しました。子どもは色マッチング課題の入った箱を取りに行くのに手助けが必要だったので、この項目は「－」と記入しました。子どもは赤い丸シールを対応する赤い丸枠に貼り、黄色い丸シールを黄色い丸枠に貼って色マッチング課題では正反応でしたが、プロンプトされるまで用具を片付けなかったので、「片付ける」項目は「－」と記入されました。

　図5-1では、おやつが最後の活動です。スケジュールには紙皿に載ったレーズンの写真が貼られ、実物は棚に置かれています。子どもはプロンプトなしでレーズンをいくつか食べたので（親は子どもに全部食べるよう要求しませんでした）、この活動は正反応と記録されました。しかし、子どもは手助けなしでは紙皿をごみ箱に入れなかったため、「片付ける」は誤反応と記録されました。

　指導セッションの後、記録用紙の各列の「＋」の数の合計を一番下の行に記入します。この段階で、各行動項目を振り返り、次のセッションでのプロンプトとプロンプトフェイディングの方略を検討することができます。

　次に、記録用紙の下の欄に記入してデータのまとめをします。正反応数の

合計、スケジュールの全行動項目の合計数を数え、正反応数を全行動項目数で割り100をかけて正反応率を算出します。図5-1では、28項目中9項目が正反応でした。両親は、9÷28×100の計算式で、正反応率32%を算出しました。この章の後半では、この正反応率を使って、年少児のスケジュール従事スキル獲得のグラフの書き方について説明します。

　子どもが上述のような写真のスケジュールではなく、文字のスケジュールを使う場合でも、データ収集手続きは同じです。ただしこの場合、ページをめくる代わりに、年少児はスケジュールに戻った時に活動が終わったことを示すために、その活動の文字の横にチェック印を付け、マーカーをスケジュールの次の活動へ動かします。

データ収集に関する問題解決

　両親のうち一方がスケジュール従事を教えていて、もう一方が仕事中であったり、通勤中、他の子どもの世話、食事の準備、買い物、他の大切な用事をしているという状況はよくあります。マニュアルガイダンスをしている時やおやつやトークンを与えている時に、どのように子どものパフォーマンスのデータを記録すればよいでしょうか？　その解決策の1つは、ICレコーダーを使うことです。セッションを始める前にICレコーダーの録音スイッチを入れて近くに置いておき、各行動項目の結果を言葉にして録音するのです。例えば、「ポテトヘッド。ページをめくる、プラス。見て指さす、マイナス」のように、実況中継するのです。少し時間に余裕のある時に、録音したものを記録用紙に記入すればよいのです。

　きょうだいにデータの記録を手伝ってもらうこともできます。10歳以上の子どもや、それより小さい子どもでも、セッションを観察し、あなたが言葉にしたシンボル（＋、－）を楽しんで記録することができるでしょう。きょうだいに協力を求める場合、近くにいて親の見える位置で記録用紙を持つように伝え、記録が正しいか確認し、必要な時にはいつでも訂正できるよう

第5章　スケジュールに従う行動を測定する

にしておきます。

　データを覚えておいて、セッションの終了時に記録する方法はお勧めしません。20以上の異なる反応について、プロンプトありかプロンプトなしかを正確に覚えて思い出せる人はほとんどいないでしょう。もしICレコーダーが使えなかったり、配偶者やきょうだいに協力を頼めない場合には、2,3秒間プロンプトやマニュアルガイダンスを控え、その間に「＋、－」をさっと記録してもよいでしょう。データの記録は回数を重ねるごとに、また子どもがスキルを獲得していくごとに簡単にできるようになります。あなたがシャドーイングを使い始めたり、距離のフェイディングを始める頃になると、データの記録にもっと時間をとることができるようになるでしょう。

　時々は、あなたと誰か他の人が同時に記録をつけるとよいでしょう。こうすることで、セッション後に2人の記録を照らし合わせ、一致、不一致を確認することができます。こうした話し合いによって、教えている人にはわからなかった誤反応パターンや意図しないプロンプトが明らかになることがあります。

データをグラフにする

　グラフにすることで、子どものスケジュール従事スキルの獲得について、セッションごと、週ごと、月ごとの推移を見ることができます。誤反応パターンを見つけるためにデータを記録し、定期的にデータを振り返ってみることもできますが、グラフにすることで子どもの全体的な進歩を見ることができます。

　グラフ用紙の縦軸に10から100までの目盛りを付け、「正反応率」と記入します。グラフの横軸には「セッション」を記入し、各セッションの日付を書きます。1日に2回以上セッションを行った場合には、それぞれの日付と時刻を記入します。ページの上部には、後で比較しやすいような情報を記入するとよいでしょう。例えば、「スケジュール1：パズル、ペグさし、くすぐり、

絵のマッチング、コーンチップス」などと記入します（図5-2参照）。
　各セッションの終了後に、グラフにデータをプロットします。もし子どもの正反応率が30％であれば、グラフの30％のところにドットを付けます。経験を積んだ臨床家は、毎日グラフにすることは比較的楽にできても、グラフ化しなかったデータをためてしまうと後で苦労することを知っています。また、毎日データをプロットすることは、翌日の指導の計画を検討する上で役に立ちます。シャドーイングを使い始めた日や、距離のフェイディングを始めた日などの特記事項は、グラフに矢印を使って記入するとよいでしょう（図5-2）。また、写真の撤去とか、多くの誤反応が生じた活動などの特別なことについても、矢印を使って記入します。

写真の活動スケジュール

パズル、ペグさし、「くすぐり」、絵のマッチング、コーンチップス

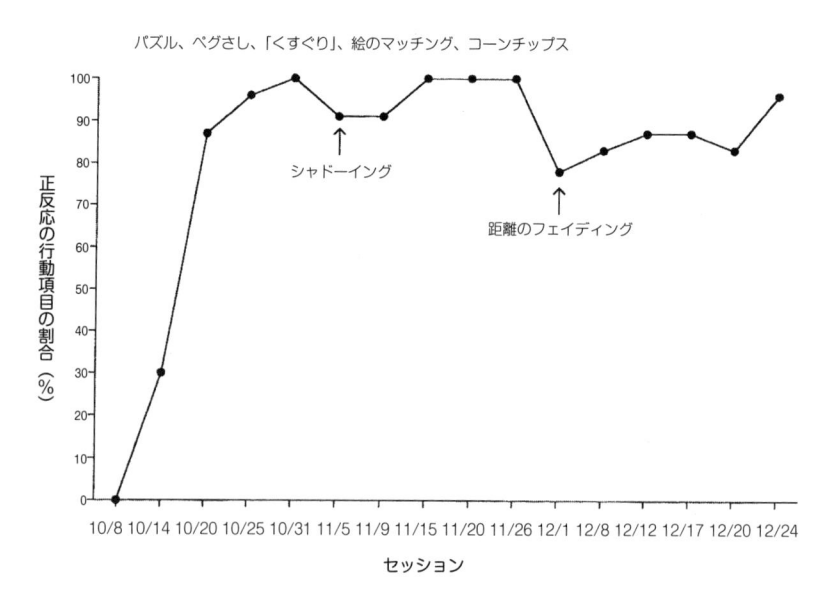

[グラフ: 縦軸「正反応の行動項目の割合（％）」0〜100、横軸「セッション」10/8〜12/24。シャドーイング（11/5付近）、距離のフェイディング（12/1付近）を矢印で示す]

図5-2　写真の活動スケジュール
ブライス（3歳）の最初の写真の活動スケジュール

第5章　スケジュールに従う行動を測定する

　グラフにすることのもっとも重要なことは、目で見てわかるようにすることです。グラフを子どもの祖父母、叔父叔母、先生たちに見せたり、家族の友達に見せて、子どもの進歩について話し合うとよいでしょう。子どもがスケジュール従事の学習にごほうびを必要とするのと同じように、親であるあなたも子どもがこうした大切なスキルを獲得する手助けをするという難しい仕事に対してごほうびが必要なのです。

第6章

最初のスケジュールを習得した！

Activity Schedules for Children with Autism

はじめに

あなたが子どもから2メートルから3メートル離れた状態で、子どもや生徒が数セッション連続して80％～100％の正反応率を達成したら、最初のスケジュールを習得したと考えてよいでしょう。（後述するように）次の段階に進むのに時間をかけすぎてはいけません。同じ課題が同じ順番で何回も提示されると、子どものパフォーマンスが下がってしまうことがあります。

活動の順番を変える

スケジュールに従えるようになることは、特定の反応連鎖を学習することとは違います。本当の意味で自立するためには、子どもは「写真や絵を読める」ようにならなければなりません。つまり、スケジュールブックに写真や絵や文字で示される活動がどんなものであっても、それに従えるようにならなければなりません。写真や絵の順番を変えることによって、スケジュールの手がかりに注意を向け、それに従って行動することを教えます。

ペリーはスケジュールを始めた時7歳でした。彼の最初のスケジュールは、形合わせゲーム「パーフェクション」で25ピースを正しい位置にはめ、次にステンシルとクレヨンで絵を描き、親にハイタッチを要求し、2つの容器に食べ物と洋服の絵を分類し、おやつ（ポップコーン）を食べ、近くのごみ箱に紙皿を捨てる、という順番でした。

親が彼の部屋の入り口に立ってプロンプトしなくても、ペリーがこれらの活動すべてを自分でできるようになったところで、スケジュールの写真の順番を変えました。形合わせゲーム「パーフェクション」の写真は最初のままにしておいたのですが、それはスケジュールの最初の活動がいつもと違う写真だとペリーがスケジュールを始めないのではないかと両親が心配したからです。スケジュールの活動を完了したごほうびとして、ポップコーンの写真もスケジュールの最後のままにしました。それ以外のスケジュールブックの

第6章　最初のスケジュールを習得した！

　3つの写真は、分類、ステンシル、「ハイタッチ」という新しい順番に並べ替えました。ペリーが新しい活動の順番を習得できるように、棚の用具もその順番に並べ替えました。

　写真の順番が変わった最初のセッションで、ペリーはいつもと同じように自発的にスケジュールを始め、プロンプトなしに「パーフェクション」ゲームをやり終えたので、父親はペリーのクリップボードの上にトークンを置きました。2ページ目をめくり、いつもと違う写真を見ると、ペリーは数秒ほど動きを止め、それからそのページを素早くめくってしまいました。この時、父親はすぐにペリーに近寄り、手を添えて2ページ目の写真を指さし、分類課題を取ってきて、その課題を始めさせました。課題を始めるためにプロンプトされると、ペリーはひとりで分類課題をやり終え、その用具を片付け、2個目のトークンを獲得しました。そしてスケジュールに戻り、ページをめくり、また新しい順番で写真が貼っているのを見ました。彼はステンレスとクレヨンの写真を10秒間じっと見ていたので、父親がマニュアルガイダンスしようと近寄ると、ペリーは自分で用具棚に向かい、その用具を持って来て、それをやり終え、用具を棚に戻しました。ペリーの父親は、ペリーに近寄ることでプロンプトしたため、「持ってくる」行動は誤反応としましたが、順番がいつもと違うスケジュールは初めてで、しかも父親はペリーに触ったりガイドする必要がなかったので、父親はペリーにトークンを与えました。

　ペリーはまたスケジュールに戻り、ページをめくり、写真がまた新しい順番に並んでいるのを見るやいなや、おやつの方にすっ飛んで行きました。父親はそれまでシャドーイングをしていましたが、その時ペリーをおやつの手前で捕まえて、ブックに連れ戻し、手を添えてペリーが「ハイタッチ」の写真を指さすよう手助けしました。ペリーは声を上げて抵抗し、腕を伸ばして指遊びをする常同行動をしたため、「ハイタッチ」も父親が手を添えて行いました（父親は「やったね！」と熱意を込めて言いながらこの社会的活動をしましたが、トークンはあげませんでした）。その後、ペリーは自分からブックに歩いて戻り、おやつの写真を指さし、ポップコーンを食べ、紙皿を捨

て、最後のトークン2枚を受け取りました。そのトークンは、家族の中で「クオーターバックをタックルする」と呼んでいる声を上げてくすぐる遊びと交換されました。

　次のセッションでは、ペリーのパフォーマンスにはむらがあり、両親はシャドーイングを続け、誤反応を防ぐために時々マニュアルガイダンスやプロンプト部位のフェイディングの手続きを行いました。5回目のセッションで、ペリーはブックを開き、1ページ目の最初の写真を指さす前に、すべてのページをめくって調べました。彼の調べ物は10秒以内に終わったため、プロンプトはしませんでした。彼は新しい写真の順番を確認しているように見え、両親はこの行動を探索反応と解釈しました。

写真の活動スケジュール

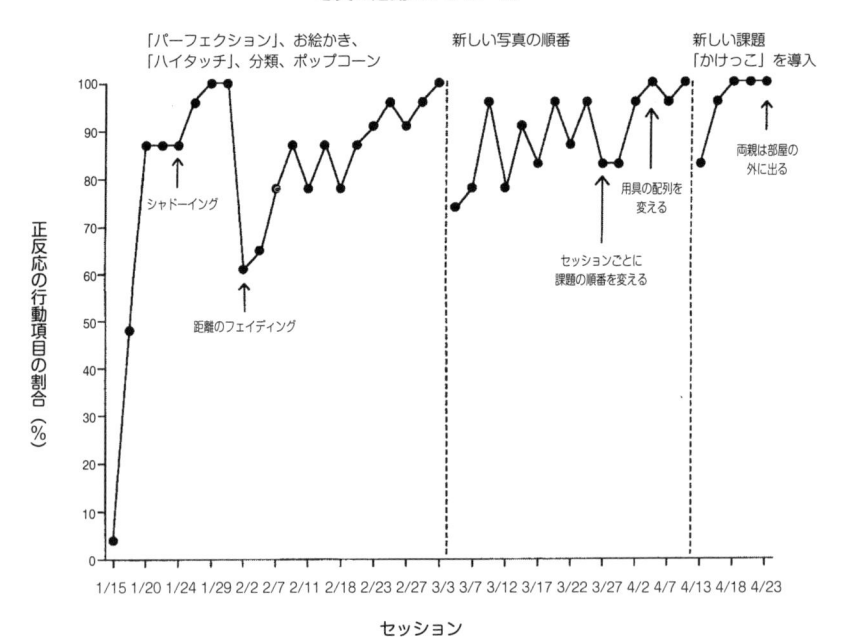

図6-1　写真の活動スケジュール
　　　ペリー（7歳）の最初の写真の活動スケジュール

第6章　最初のスケジュールを習得した！

　ペリーの写真と活動を並べ直した段階で、両親は「新しい写真の順番」と名付けたグラフを作りました（図6-1参照）。彼が5セッション連続でスケジュールの各項目を80～100%プロンプトなしで正しく達成し、パフォーマンスが安定した時、両親はセッションごとに写真の順番を変え、その後、今度はスケジュールの写真の順番とは異なる順番で用具を棚に並べました（図6-1参照）。この時点で、ペリーの両親が彼の部屋にいる時に、彼が親の手を取ってブックの方に引っ張って行ったり、自発的にブックを取って開き、写真の活動を始めることに気付きました。
　このペリーの例は、どのようにして写真や活動の順番を並び替えたらよいのかについての良い例です。最初に新しい順番を教え、それを習得するまで続けます。次に、セッションごとに写真の順番を並び替え、写真すべての順番を変えます。そして最後に、パフォーマンスが安定した後で、スケジュールブックの写真の順番に対応していない順番で用具を並べます。

新しい写真と活動を加える

　子どもが、定期的に写真と活動を並べ替えてもスケジュールに従うことができるようになったら、最初のスケジュールに新しい写真と活動を加えます。新しい活動は子どもにとってなじみがあり、かつ好みの活動を選べば、子どもの習得を促すことができるでしょう。例えば、スケジュールの最後の写真がポテトチップスだったら、この写真をスケジュールの真ん中のページに動かし、ポテトチップスとは違うが同じようにごほうびになる活動、例えばジュース、ブランコ、おもちゃの車に乗る、好きなビデオを少し見るなどを、最後のページに新しく加えます。
　新しい活動を加えたら、子どもが多くなったスケジュールを習得する手助けをするためにいつでもマニュアルガイダンスができるよう準備しておき、第4章で述べたプロンプトフェイディング手続きを使います（段階的ガイダンス、プロンプト部位のフェイディング、シャドーイング、距離のフェイデ

ィング)。ペリーの両親は、ポップコーンをスケジュールの前半に移し、最後の6番目の活動として、遊び部屋でのかけっこを要求するという、ペリーにとってなじみのある活動を新たに追加しました(図6-1参照)。両親はペリーのトークンボードに6つ目のトークンも追加しました。

　最初の新しい活動を習得したら、スケジュールブックに2番目の新しい写真を追加しますが、スケジュールの最後には特に楽しみな活動を入れておきます。前の例のように、なじみのある活動を選ぶとよいでしょう。ペリーの両親は2番目の新しい活動としてログハウスの組み立ておもちゃ (Lincoln Logs fort) を加えました。ペリーは以前このログハウスを手伝ってもらって作ったことがありました。彼のスケジュールの写真は完成したログハウスで、プロンプトとプロンプトフェイディング手続きによって彼は自分でログハウスを組み立てることができるようになりました。

　スケジュールに新しい写真と活動を追加する際に留意すべきことは、子どもの能力にスケジュールを合わせることです。就学前の子どもは一連の活動が15分程度であれば終わらせられ、8歳の子どもは30分かそれ以上の活動であっても習得できるでしょう。新しい活動を追加する時には、トークンやその他のごほうびを追加することを忘れないようにしましょう。

新しい自立

　スケジュールの写真が定期的に並べ替えられ、2つ3つの新しい活動が追加され、用具の配列が変わっても、援助なしでスケジュールの活動をやり終えることができるようになったら、自立を強調する時期です。第4章で述べた距離のフェイディング手続きに戻り、親が部屋の外にいたり、あるいは子どもの視野に入らない状態まで続けます。

　最初、親は15秒ごとにこっそり様子を見て、もし子どもがスケジュールに従事していなかったら、1つ前のプロンプト手続き(シャドーイング)に戻ります。しかし、子どものパフォーマンスが安定したらすぐに姿を隠すよ

うにします。もし子どもが親に頼ってスケジュールに従事している様子が見られたら、徐々に次の観察までの時間を長くしていきます。観察を30秒ごと、1分ごと、2分ごとなどにしていき、最後は観察がほんの数回で、しかもランダムで予測不能になるようにします。

　もしスケジュールに従事した後に子どもにトークンをあげていたら、親の姿をフェイディングするのと同じようにトークンをあげる回数を減らしましょう。一度に1つトークンを渡す代わりに、時々チェックして、その時に2つ3つまとめて渡し、子どもがスケジュールをやり終えた時に最後のトークン（複数枚）を与え、すぐにトークンを好きな活動と交換させます。システムとしてごほうびが与えられるようになると、自立はさらに伸び、発展します。親が離れていくに従って強化の量を増やすことが重要です。

　この時点で、親は10～30分間の空き時間ができ、その間に、洗濯をしたり、夕食の準備を始めたり、きょうだいの宿題を手伝ったり、普通のコーヒーブレイクを楽しむなど、他のことに注意を向けることができるようになります。しかし、定期的に、例えば3セッションごと、あるいは5セッションごとに、セッション中ずっと観察し、データを集めてもよいでしょう。データを取ることで、問題が起こっても従来の指導手続きを使って、数セッションで修正できるでしょう。

新しい問題と解決策

　プロンプトフェイディングの最後の段階、つまり大人がその場にいなくなることは最も難しいようです。親や教師がいなくなると、子どもが誤反応をしたり、常同行動をすることはまれではありません。大人がいなくても以前と同じようなパフォーマンスをする子どももいますが、プロンプトフェイディング手続き、特に最後の距離のフェイディング手続きをさらに続ける必要のある子どももいます。「大人の不在は、第1章で述べたプロンプト依存がなくなったかどうかの最終的なテストです」。

もし以前のプロンプト手続きに戻っても子どものパフォーマンスの問題が解決しない場合は、別の方法をいくつか検討しましょう。1つは、最初の誤反応が起こった時に、そのセッションの残りすべてでマニュアルガイダンスを使うことです。次のセッションでは距離のフェイディング手続きを再開し、子どもが間違えた時にはいつでもマニュアルガイダンスに戻る準備をしておきます。スケジュール従事についてデータをとることで、この方法が効果的かどうかがわかります。もしこの方法が有効であれば、子どもの正反応率は数セッションのうちに徐々に高くなるでしょう。

　もしそのセッションの残りでマニュアルガイダンスを使っても上手くいかない場合には、別の方法を探してみましょう。最初の誤反応が起こった時に介入し、用具を片付け、スケジュールブックを閉じます。それから子どもにスケジュールを最初から始めるよう促し、セッション全体を通じて手を添えるマニュアルガイダンスを用いてスケジュールに従事させます。その次にスケジュールを使う時にまた子どもが間違えたら、距離のフェイディング手続きに戻り、スケジュールブックを閉じ、もう一度最初からやり直し、すべてマニュアルガイダンスで従事させます。

　もうひとつの選択肢は、トークンを撤去することです。これは子どもに非常に明確なフィードバックを与え、レスポンス・コストと呼ばれています（Lutzker, McGimsey-McRae, & McGimsey, 1983, p. 42）。子どもが誤反応したらトークンを取り上げ、良いパフォーマンスの時にトークンを返します。もし誤反応が複数回のセッションで続く場合には、トークンを取り上げたまま返しません。トークン全部が獲得できなかったら、特別な活動や楽しみと交換できない、ということを子どもに学ばせるのです。また、（上述の）マニュアルガイダンスを行う時にトークンを撤去することもできます。

　もしこれらの方法すべてを試しても効果がなかったなら、子どもが上手くできるプロンプト（段階的ガイダンス、プロンプト部位のフェイディング、シャドーイング）に戻り、プロンプトフェイディング手続きを繰り返します。この時にプロンプトのフェイディングのタイミングを前回よりゆっくりに

します。親が子どもとの距離を離す場合には、より段階的にフェイディングすることが特に重要です。1回につき15センチずつ離れてもよいでしょう。距離を離すのにかなりの時間がかかりますが、その時は、この方法は子どもが本当の意味で自立するために必要なことだ、ということを頭に入れておいてください。

　新しい問題への解決策を探す際に、両親と教師は自分自身の行動を振り返ってみることが役に立つことが多いです。以下のポイントが特に重要です。
- スケジュール従事スキルを教える際に、言語指示やジェスチャーを使ってはならない。
- プロンプトは可能な限り子どもの誤反応を防ぐ目的で使う。
- 誤反応を修正したり、トークンを撤去する時には、大人は無表情で事務的に行う。
- 正反応にはすぐにトークンや食べ物のごほうびを与える。
- 子どもがスケジュールをやり終えたら、大人は特に注目してあげ、好きな活動ができるようにする。

　最後に、定期的なデータ収集とグラフ化は問題解決のために必ず必要なものです。データから、あなたがしている方法が子どものパフォーマンスの問題解決に効果があるかどうかがわかります。

新しいスケジュール

　もし子どもがあなたの手助けなしにスケジュールに従事することができれば（あなたは部屋のドアを出てすぐの所にいたり、大きな部屋の中の隅にいる状態であっても）、そろそろ新しいスケジュールの追加を考える時期です。しかし、最初のスケジュールをやめてはいけません。写真の順番や課題の配列を変え、正反応にはごほうびを与え続けます。

　時々、子どもの興味を引くために、最初のスケジュールから写真とその課題を外し、新しい活動に差し替えるのもよいでしょう。後で、この外した活

動は2番目のスケジュールを組み立てる時に使うことができます。カバンやリュックサックに入れておいて、おばあちゃんの家や、家族の休暇先や、特に忙しい日のために使うのです。

　従来の活動から新しいスケジュールを作ることに加え、新しい分野も開拓しましょう。子どものスケジュール従事スキルは、新しいスケジュールをひとつひとつ習得するにつれて伸びていきます。自閉症児の親であるあなたは、おそらくとても忙しく、すべきことがたくさんあるでしょう。どうしたら新しいスケジュールが家族の生活に良い方向をもたらすかを考えるよい時期です。例えば、あなたの娘がスケジュールを10分で終わらせ、その一方で、平日、あなたが年上のきょうだいの宿題を手伝うために20分必要な場合、以前のスケジュールに類似した活動から成る新しいスケジュールを作ることができます。例えば、別の形はめボックスや違う種類の積み木のおもちゃ、5ピースのパズルを6ピースのパズルに替える、テディグラハムのクラッカーを動物クラッカーに替えるなどです。

　もし特に朝が忙しいなら、朝の支度を終わらせるのに役立つ新しいスケジュールを作ることができます。就学前の子どもに、朝食を食べたらお皿とコップを台所の流しに置き、通園バッグと上着を玄関のそばに置き、See "N" Say（訳注：真ん中の矢印を回して周りの絵に合わせ、取っ手を引くと音が流れるおもちゃ）を受け取り、通園バスが来るまでそれで遊ぶ、という一連の行動の手がかりを与える写真を並べたスケジュールなどはどうでしょう。

　もっと年長の子どもには、コップとお皿を取り、ジュースとシリアルを入れ、朝食を食べ、通学バッグにお弁当を入れ、玄関に通学バッグを置き、通学バスが来るまでテレビを見る、という朝のスケジュールもよいでしょう。子どものスケジュール従事が上達してきたら、スケジュールに追加する活動を、なじみがあって以前習得した活動にするか、あるいは子どもがまだ習得していない活動にすることもできます。もしまだ自分の通学バッグにお弁当を入れることに慣れていないのなら、まずマニュアルガイダンスでその行動をさせ、その後にプロンプトフェイディングをします。1日のうちでも忙し

第6章 最初のスケジュールを習得した！

い時間帯ですが、お弁当は通学バッグに入れなければならないですし、もし息子がこれらの支度が自分でできるようになれば、やがて朝の支度はもっとスムーズにできるようになるでしょう。

　自閉症児の中には、家族の日常のスケジュールが変わるとかんしゃくを起こす子どももいます。子どもが変化に上手く対処できるようなスケジュールを作ることを考えてみましょう。なじみのある遊びの活動の写真から成るスケジュールブックから始めるとよいでしょう。例えば、帽子と上着を取る→「行こう！」と言う、あるいは親の手を引っ張る→郵便受けまで親と一緒に歩く→おやつのために家に戻る。このスケジュールを習得したら、郵便を取りに行くのを三輪車に乗るのと替え、それからコンビニに行く、ごみ箱を家に取り込む、きょうだいを送って行く、仕事帰りの親を電車の駅やバス停に迎えに行くなどに替えていきます。目標は、家族それぞれのスケジュールに合わせるために必要なこれらの活動を順々に体験させることです。

　まず、新しい活動スケジュールを教えるたびに、最初のスケジュールを教える時に必要だったのと同じ（またはほぼ同じ）だけの細心の努力と注意が必要です。しかし、もしあなたがスケジュール従事を系統的に教えるなら、この取り組みは自閉症児と他の家族にとってやがてとても重要な実りをもたらし、その後のスケジュールの習得はもっと早くなるでしょう。

第7章

活動はいつ終わりにするか

Activity Schedules for Children with Autism

はじめに

　これまでの章で述べた活動では、いずれもはっきりとした終わりがありました。リングさしはすべてのリングをペグにさしたら終わりですし、ドリルは問題を全部解いたら終わりで、社会的活動は子どもが何かかかわりを始め、相手が応答したらそれで終わりです。しかし、活動の中にはその長さを予測できないものもあり、スケジュールに従うことが上手にできるようになっても、時計をまだ読めない子どももたくさんいます。どれくらいの時間子どもはテレビを見たり、人形や車で遊んだり、ゲームをするべきなのでしょうか？

タイマーを使う

　写真の活動スケジュールに従って行動することができるようになった子どもの多くは、よく知っているスケジュールで教えると、タイマーをセットすることをすぐに学習します。安価なデジタルのキッチンタイマーのセットはほんの数回ボタンを押すだけですみ、子どものスケジュールの写真はこれらの行動のきっかけになります。

　小さなデジタルタイマーは量販店で売っています。背面にマグネットがついたタイマーは、トークンを貼るボードに簡単に付けられるので特に便利です。こうしたタイマーにはいくつかのボタンがありますが、色が違っているものが多く、子どもに決められた順番でボタンを押すことを教えるのに、活動スケジュールにボタンの色がわかる手がかりを追加するだけでよいでしょう。

　絵本が好きでまだ文字の読めない5歳児のスケジュールに、タイマーを組み込む例を考えてみましょう。観察したところ、彼女は3〜5分絵本を見たら興味をなくすことが多いことがわかったので、私たちはタイマーを3分にセットすることを教えることにしました。3分をセットするには、タイマーの「クリア」ボタンを1回押し、「分」ボタンを3回押し、「スタート」ボタ

第7章　活動はいつ終わりにするか

ンを1回押します。

　活動スケジュールにタイマーの写真を貼ります。まずボードからタイマーを剥がす写真、次にタイマーの写真の黒の「クリア」ボタンの下に黒の丸を1つつけ（子どもは黒ボタンを1回押す）、その下に白の「分」ボタンの下に白の丸をつけた3枚のタイマーの写真をはり（子どもは白ボタンを3回押す）、一番下にはタイマーの写真の赤の「スタート」ボタンの下に赤の丸を1つつけます（子どもは赤ボタンを1回押す）。この写真の順番を図7-1に示しました。もしタイマーのボタンが同じ色だったら、違う色テープを貼って区別するとよいでしょう。

　指導手続きはいつもと同じです。子どもがスケジュールに新しい写真を見つけたら、彼女がその写真を次のように取り扱うようにマニュアルガイダンスします。そして、それを取って作業台の上に置く。写真のタイマーの黒いボタンを指さして、タイマーの黒いボタンを押す。次に、写真のタイマーの白いボタンを指さしてタイマーの白いボタンを押す、などです。タイマーが鳴ったら、私たちはすぐに彼女が絵本を片付け、スケジュールに戻り、ページをめくり、スケジュールの続きをするよう促します。以前と同じように、段階的ガイダンスはプロンプト部位のフェイディング、シャドーイング、それから距離のフェイディングへと進みます。そして以前と同じように、新しい課題を達成した時には、たとえそれがプロンプト付きであってもごほうびを与えますが、できるだけ早くプロンプトなしで達成できた時だけごほうびを与えるようにします。

　タイマーの使い方を覚えることで、多くの子どもにとって新しい選択肢が増えます。7歳のジェリーはお絵かきが好きで、長い時間絵を描いて、その間他の課題を放っておくことが多い子でした。彼はタイマーを10分にセットし、お絵かきタイムが終わったら次の活動に進むことを学習しました。10歳のダンカンは電子ピアノを弾くのが好きですが、タイマーが鳴ると、ピアノ以外のことをする時間になったことを理解しました。13歳のヴィックはスター・トレックのビデオをよく見ますが、彼は算数スキルをある程度持っ

ていたので、彼のスケジュールでは「分」ボタンの絵の横に数字をつけ、両親はしばしばビデオを見る分数を変えることで、ヴィックのスケジュールと他の家族のスケジュールの両方が成り立つように調整しています。

　タイマーの使い方を学習したら、(算数スキルを持たない子どもも含めて)多くの子どもたちは「ずる」をし始めます。彼らはあまり好きでない活動では、決められた時間より短くタイマーをセットし、好きな活動では長くするようになります。「ずるをする」ようになると、選択肢を与える時期がきているかもしれません。文字を読むことのできる子どもには、「タイマーをセットする－自分で時間を決める」といった文章手がかりを入れるとよいかもしれません。文字を読めない子どもでは、スケジュールに空欄をつけ、そこに数字を入れることで同様の選択機会を与えることができます。

　自閉症児の多くは、1つの活動が長すぎると常同行動や機能的ではない行動をしやすくなります。子どもに時間設定の選択肢を教える際に、子どもがタイマーを適切な時間にセットした場合はマニュアルガイダンスを行う必要はありません。特定の活動に対して適切な時間より長かったり短かすぎたりする時間をセットした場合に、子どもが適切な時間を選べるように手助けします。例えば、ある女の子がセサミ・ストリートのビデオを見ようとして、タイマーを15分にセットしたら、あなたはマニュアルガイダンスでもっと短い時間を選ぶようにさせてもよいでしょう。

　私たちは子どもに時間の使い方について選択することを学んでほしいのですが、いくつかの活動では大人が時間を指定することも引き続き行います。もしスケジュールでキーボードをタイプする練習を10分やらなければいけないところを、息子がタイマーを5分にセットしたら、第4章と第6章で述べた誤反応修正手続きを使います。選択することを学習することは大切ですが、親や教師の指示に従うことも同じく大切なことです。

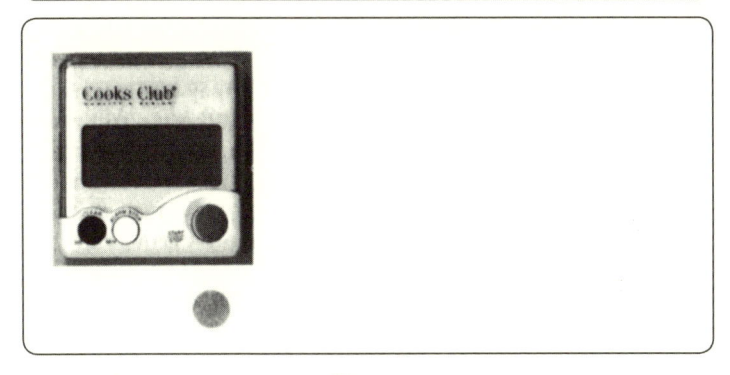

第7章　活動はいつ終わりにするか

図7-1
子どもがタイマーのセットを学習する時に使う写真手がかり。最初は、それぞれの写真を、スケジュールブックのページ1枚ごとに貼って分けて提示します。

その他の時間管理スキル

　デジタルタイマーの使い方を学習したら、子どもは電子レンジの時間のセットの仕方もすぐ覚えるでしょう。多くの子どもたちは、ポップコーンを作ったり、マフィン、プレッツェル、トルティーヤや、その他のおやつを温めるために電子レンジを使う活動スケジュールを楽しんで行います。そうしたスケジュールを作る際には、それぞれの行動項目の写真を入れます。例えば、食器棚からポップコーンの袋とボウルを取り出し、電子レンジにポップコーンを入れ、電子レンジの時刻設定ボタンでポップコーンに必要な時間を押し、タイマーが鳴ったらポップコーンを取り出し、ポップコーンの袋を開け、ボウルにポップコーンを入れる、という項目すべての写真を用意します。

　あなたの子どもがポップコーン（またはスケジュールに示された他のおやつ）そのものに興味があるとしても、スケジュールを正しく行うことができたら、必ずトークンやその他の実物のごほうびを与えるようにします。そして、スケジュールをやり終えておやつを食べるだけになったら、子どもに外のピクニックテーブルでのおやつタイムにしたり、好きなDVDやテレビ番組を見ながらのおやつにするなどして、ごほうびパワーを強くするようにしてもよいでしょう。

　電子レンジの時間のセットを示す写真は、キッチンタイマーのセットを教える際に使った写真とほぼ同じです。例えば、スケジュールには「調理時間」、「4」、「分」、「スタート」ボタンを強調したいくつかの電子レンジのボタンの写真を示します。子どもが文字を読めない場合は、色テープを使ってレンジのボタンとスケジュールブックの写真を色分けして、子どもがボタンとスケジュールの写真を対応できるようにします。

　活動スケジュールとタイマーの使い方を学習した子どもの中には、より高度な食事の準備ができるようになる子もいます。パトリックは電子オーブンでブラウニーを焼くことを覚えました。彼のスケジュールには、オーブンを使う前に正しいオーブンの温度設定をしたり、腕の長さのオーブン用手袋を

第7章　活動はいつ終わりにするか

付けるなど、調理のすべての手順が示されています。パトリックにはブラウニーの生地を十分にこねたかどうかの判断は難しいので、彼はキッチンタイマーを3分にセットし、その時間生地をこねます。ブラウニーをオーブンに入れた後、彼のスケジュールにはタイマーを再度セットしてベルトに挟むよう示してあります。タイマーが鳴ったら、彼はキッチンに戻り、オーブン用手袋を付け、オーブンからブラウニーを取り出します。

　16歳のウォルトはミートローフを作るためにスケジュールを使います。最初に活動スケジュールを使って、彼はミートローフだけを作れるようになりました。ミートローフの作り方を覚えた後、彼のスケジュールにはサラダ作りが加わり、それから冷凍野菜の調理、最後にロールパンを温めることまで加わりました。その後、スパゲッティの夕食作りを覚え、彼の食事準備スキルは増えていきました。青年期や成人の時間管理スキルについては第11章で詳しく説明します。

時間管理スキルと家族の生活

　あなたの子どもがタイマーの使い方を学習したら、これらのスキルが家族の日常生活にどのように役立つか考えてみましょう。もし、ジョギング、自転車、バスケットができるような安全な場所が屋外にあれば、子どものスケジュールにこれらの活動を組み込んでもよいでしょう。もしあなたがコンピューターを使うなら、コンピューターゲームをする時間をスケジュールに組み込んでもよいでしょう（マニュアルガイダンスを使えば、多くの子どもはマウスを使ったり、好きなプログラムを開いたり閉じたりすることをすぐに覚えます。あなたの子どもが「カウチポテト」（訳注：寝いす（カウチ）に寝転がったままテレビを見てダラダラと過ごす人）なら、テレビを見る時間をきちんと守るためにスケジュールを使います。もしあなたの娘がお風呂からなかなか出てこないのなら、就寝あるいはお風呂の時間の活動スケジュールの一部としてタイマーを使い、終わりの時間を知らせます。

セットする時間に変化をつけることも、子どもに教えなければなりません。おばあちゃんの家ではいつもより長くテレビを見てもよいでしょう。来客がある場合はコンピューターやお風呂タイムは短くする必要があります。もし私たちが子どものスケジュールの活動の時間設定を頻繁に変えておけば、家族の都合や予期せぬ出来事によってスケジュールが変わることへの抵抗は少なくなるでしょう。

第8章

選択肢を増やす

はじめに

　構造化されていない時間を扱うことは、自閉症児にとって難しいことです。親や指導者が活動を与えてあげないと何もしない子もいれば、問題行動や常同行動を示す子もいます。子どもに活動を選択することを教えることは、子どもが時間を有意義に使うことを学習していく上で重要なステップであり、写真の活動スケジュールはその助けとなるでしょう。

子どもにごほうびの選択を教える

　ほとんどすべての子どもは、適切な指導プログラムによって選択することを学習できます。子どもの最初のスケジュールには、ヨーグルトやおんぶ、ジュース、シャボン玉のような好きなお菓子やおもちゃや活動の写真が入っています。次の課題は、2つのごほうびから1つを選ぶことを教えることです。

　利用可能な選択肢を示す写真を、大きな発泡ボードや掲示ボードに貼ります。「特別な」活動や好きな活動からよく知っている写真を2つ選び、野球カードホルダーに入れ、マジックテープでボードに貼りつけ、この「選択ボード」を子どもの見やすい棚や台所に置きます。例えば、幼稚園児のトッドの選択ボードには、チェリオス（シリアル）と木馬の2つの写真を貼ります。

　次のステップは、子どもの活動スケジュールに空白のページを加えることです（このページには小さなマジックテープだけを付けておきます）。そして、普段通りにスケジュールを使うように誘いますが、プロンプトする準備をしておきましょう。子どもが空白のページに来たら、手を取ってマジックテープを指さし、選択ボードに行き、2つの写真から1つを選び、それをスケジュールに貼り、選択した活動を行うようにさせます。子どもがこの一連の流れを覚えてきたら、以前と同様にプロンプトフェイディング手続きを使います。

　子どもが選択ボードの前に立ち、2つの写真に向かっている時には、プロ

第8章 選択肢を増やす

ンプトを急いでフェイディングすることが特に重要です。2つの写真から同じ距離になるように子どもの手を取り、子どもが選択するかどうか見守りましょう。もし子どもがすぐに写真を選ぶことができない時は、できるだけ待ちましょう。しかし、「オフタスク」行動や不適切行動が始まる前に、選択できるようにガイドしましょう。その次の選択機会では、マニュアルガイダンスのタイミングを少し遅らせるようにし、子どもが写真に手を伸ばすかどうか見守りますが、誤反応を起こさないようにガイドしましょう。注意してほしいことは、「1つ選びなさい」とか「写真を取って」のような言語プロンプトを使わないということです。なぜなら、これは子どもに自発的な選択を教えるよりも、あなたの指示を待つことを教えてしまうからです。

　子どもが選択ボードの2つの活動から1つを選ぶことができるようになったら、3枚目の写真、4枚目の写真を加えていきましょう。3～5枚の写真から選ぶことができるようになったら、スケジュールに2つ目の空白ページを加えましょう。

　長い時間をかけて、選択ボードに他の特別なお菓子やおもちゃ、楽しむことのできる社会的なゲームの写真を新しく加えていきます。選択肢が増える

図8-1
3つの選択肢のある選択ボード。

につれて、あなたは写真を日ごとにローテーションさせることにすることもできます。写真を外したり追加したりすることは、選択ボードをより楽しいものにします。そして子どものトークンシステム（スケジュールの他の部分と同様に、選択することに対してコインを与える）を継続することを忘れてはいけません。子どもがスケジュールをやり終えたら、トークンを最高の活動と交換してあげましょう。

シャーマン

シャーマンは２歳８か月の時、５つの写真の入った最初のスケジュールを習得しました。写真は入れ替えられ、新しい写真が加えられ、そして選択が導入されました。最近では彼はさまざまなマッチング課題ができるようになり、私たちの手を取ってその用具に引っ張っていくことがしばしば見られました。そこで私たちは彼の選択肢の１つとして、形のマッチング課題を入れることにしました。もうひとつの選択肢は好きなお菓子の動物クラッカーでした。彼は写真を選び、スケジュールブックに入れ、その写真の活動を行うことをすぐに学習しましたが、いつもマッチング課題を選択し、お菓子を選ぶことはほとんどありませんでした。２つ目の空白ページを入れて２回目の選択機会を導入した時、私たちは数字のマッチング課題の写真を加えました。すると彼はマッチング課題の選択が変わり始め、２つ目の空白ページでは動物クラッカーを選択するようになりました。

ポーラ

ポーラは現在10歳で、３年前に写真スケジュールを習得しました。今では選択ボードにたくさん並んだ写真から選択しています。ポーラの選択肢にはコンピューターゲーム、ビデオ、キーボード、ヘッドフォンで音楽を聞く、お菓子を準備して食べる（例えば、チーズとクラッカー、クリームチーズをつけたセロリスティック、パンとジャムなど）、本や雑誌を見る、家族や友達とカードゲーム（UNOやトランプ）で遊ぶ、バスケットボールのシュートをす

る、自転車に乗る、などがあります。彼女はデジタルタイマーで時間をセットし、タイマーが鳴ったらスケジュールに戻ってきます。選択ボードの写真を頻繁に変えることで、彼女の興味は高まり、会話も増えているように見えます。

子どもに自分で活動の順番を決めることを教える

　子どもたちが好きな活動を選択することを覚えたら、自分でスケジュールを作ることを教える時です。私たち大人は、自分が最初に何をするか、次に何をするかについてその都度自分で決めます。家事や洗濯をした後で知人に電話したり、服を買いに行ったりするなど、もっと楽しいことをするかもしれません。仕事でも、より創造的な仕事を始める前に退屈なレポートを読むかもしれません。そして時には、できるだけつまらない仕事を後回しにすることもあります。例えば、皿洗いやごみ捨てをする前に花壇の手入れをしたり、郵便物を取りに行ったり、インターネットをしたり、新しい雑誌を読んだりします。これらの決定は、毎日のQOLに影響を与えます。

　同様に、自分のすることを自分で決めることを教えることで、自閉症児のQOLを高めることができます。選択ボードからごほうびの活動を選ぶ子どもは、しなければならない活動を選択し、順に並べることもできるでしょう。

　子どもがこのスキルを学習しやすくするために、スケジュールブックから写真を取りはずし、違う色の新しい3穴リングバインダーの表紙と裏表紙の内側に（マジックテープで）写真を貼りつけましょう。そして、ごほうびの選択肢を貼るために、1枚以上の新しいページをスケジュールブックに加えましょう。もし子どもが文字を読むことができれば、その新しいページに『わたしの選んだもの』と書いておき、まだ文字を読むことができなければ、選択ボードの写真を示しましょう。

　ここでも段階的ガイダンス、プロンプト部位のフェイディング、シャドーイング、距離のフェイディングの手続きを使って、子どもが新しい3穴バインダーを開け、写真を選び、スケジュールブックにその写真を貼り、用具を

取り、活動を行い、用具を戻し、スケジュールブックに戻り、ページをめくり、新しいバインダーを開いて次の活動の写真を選ぶように援助しましょう。子どもがちょうど写真を選ぼうとしている時には、誤反応を起こさないように最少限のマニュアルガイダンスだけを使いましょう。最少限のガイダンスによって子どもは選択を学習しやすくなるでしょう。

　リビーは4歳の時、幼稚園で10個の活動の順番を決めることを学習しました。プレアカデミック、言葉、余暇の活動の写真が、赤いバインダーの表紙の内側に貼られました。彼女は赤いバインダーから写真を1枚選び、青いスケジュールブックの1ページにそれを貼りつけ、必要な用具を取り、活動を行い（時には教師からの指示によって）、用具を戻し、他の写真を選びました。青いスケジュールブックの中にある彼女の選択ボードの写真は、選択ボードから写真を1枚選び、そのページに貼り、その好きな活動を行うことの手がかりとなりました。彼女の選択ボードには、すべり台、ホップボール、フルーツゼリー、風船、コマがありました。

　ごほうびを選ぶ機会をどのくらい設けるかは、その子の現在のスケジュール従事スキルに基づいて決めます。もし子どもが3ページ目と7ページ目で

図8-2
たくさんの選択肢から選択することができるようになった7歳の子どもの選択肢ブック。

第8章　選択肢を増やす

好きな活動を選べるようになっている7ページの活動スケジュールを最近できるようになったのなら、その子に学習活動の順番を決めることを教えている間はこのスケジュールを使い続けましょう。そして、そのスケジュールをやり終えたら特別なごほうびと交換できるトークンを与えることも続けましょう。

　私たちはみな選択の機会があることは良いことだと思っています。研究によれば、発達障害のある人が自分の活動の順番を選択することを学習すると、課題への適切な従事が増加することが示されています（Anderson, Sherman, Sheldon, and McAdam, 1997）。さらに、プロンプトがフェイディングされても、課題従事の時間は長いままです（Watanabe and Sturmey, 2003）。日々の活動を選び、順番を決めることの学習は、自立に向けたもうひとつのステップなのです。

子どもに自分でごほうびを持ってくることを教える

　子どもがすべき活動の順番を決め、いくつかの好きな活動から選択できるようになったら、自分でトークンを扱うことを教えましょう。そのために、スケジュールブックの各ページの下のところにトークンあるいはコインを貼っておきます。そして、活動を行い、用具を置き、スケジュールブックのページからトークンあるいはコインをはずし、自分のトークンボードに貼り、そしてまた戻ってきてページをめくることを教えましょう。子どもがトークンボードに貼ってあるマジックテープすべてにトークンを貼れたら、そのトークンボードをあなた（あるいは他の大人）に見せるようガイドし、トークンを特別なごほうびと交換してあげます。

　もし子どもが「ずる」（スケジュールの活動が終わっていなかったり、間違ったやり方で終わりにしてトークンを取る）をしようとしたら、前に述べた指導手続きを使いましょう。子どもがずるをして貼ったトークンやコインを剥がし、スケジュールを続けるようガイドしましょう。

子どもが上達するにつれて、3穴バインダーや選択ボードに写真を追加していきます。そしてスケジュールブックの各ページに貼っていたトークンやコインを、2ページごと、3ページごとにしていくことを考えましょう。いつそれをするかを決めるためには、スケジュール従事に関するデータが役に立ちます。

　おもしろいことに、子どもたちは以前はとても難しかった活動でもそれができるようになると、その活動が好きな活動になることが多いことに気づかされます。そして、これら以前難しかった活動を選択ボードに貼り、ごほうびとして用いることもできます。このことは私たちにとっても同じです。自転車やプールの飛び込み、あるいはマニュアルシフトの車の運転は、はじめは怖くてとても苦労するかもしれませんが、スキルを学習すると、それが楽しくなります。

ウェス

　ウェスは16歳で大家族の子どもで、午後3時に学校から帰ってくると、写真スケジュールを始め、寝るまでそれを使います。彼のスケジュールには埃とり、掃除機、次の日の弁当作り、洗濯、タイピングの練習、食器の片付け、テーブルの準備、家族とのやりとり、犬の餌やり、宿題、やり終えた活動の報告、そして時には草むしり、落ち葉かき、雪かきがありました。

　最初は、これらの課題はそれぞれ別の写真スケジュールとして分けて提示されました。例えば、学校の弁当作りでは、弁当箱、食パン、ナイフ、バター、ランチミート、チーズ、サンドイッチ、サンドイッチ箱、野菜、プラスチック容器、果物、デザート、弁当箱の彼のイニシャル、食洗器の中のナイフを取る、スポンジでカウンターを拭く、弁当箱を冷蔵庫に入れる写真が一度に入った16ページのスケジュールでした。ウェスがこのスケジュールを習得したら、彼のメインのスケジュールブックに1つの写真（彼のイニシャルの付いた膨れた弁当箱の写真）として入れられるようになりました。

　数年後、ウェスは多くの長いスケジュールを習得し、それらは今では40ペ

第8章　選択肢を増やす

ージ以上あるメインの長い活動スケジュールの中に1枚の写真としてそれぞれ表されています。彼は多くの余暇スキルを獲得し、遊びの選択肢としてインラインスケート、自転車、バスケットボールのシュート、サッカーボールを蹴る、ジョギング、さまざまな食べ物の準備、水泳、テレビ観賞、家族と卓球をする、テレビゲーム、パズルなどがあります。

　ウェスは自分の日常の活動をすべて選択し、順番を決めています。特筆すべきことは、彼は余暇活動を行う前に、割り当てられた仕事すべてを行うことをしばしば選択していることです。

第9章

写真や絵から文字へ

Activity Schedules for Children with Autism

リー

リーは4歳までにたくさんの頻出単語（sight word）を読むことができ、自分の写真スケジュールに一番の候補がなくても、多くのおもちゃを使うことができました。例えば、プレイスクール社の6色のペグつきのハンマーベンチの写真がありました。私たちはそのページにさまざまな色の単語を配置し、スケジュールに並べられた順番でペグをハンマーで打つことを教えました。また、ままごとの野菜を「切る」写真を、「食べ物を切る」という文と切る食べ物を記入した複数の単語カードとともにマジックテープで貼りました。また人の形を1枚切り抜き、さまざまな色の服をラミネートし、それらの写真と「男の子に服を着せる」と彼に教える文カードを示し、使う服を並べました（例えば、青いシャツ、白い靴下）。リーは歌が好きで、やり取りを促すために、「ママ、『ひばり』（他にも彼が楽しめる歌）を歌って」というカードを置きました。

はじめに

自閉症児の中にはすぐに読みを覚える子もいますが、多くの子どもはエドマーク読みプログラム（Edmark Reading Program, 1992）のような慎重にプログラムされたカリキュラムを必要とします。機会利用型指導法（McGee, Krantz, & McClannahan, 1986）の結果として初期の頻出単語の読みが発達している子もいれば、断続試行訓練セッションでフラッシュカードで提示された標的単語を覚える子どももいます。多くの子どもたちは文字を読み始める前に活動スケジュールの使用を覚えますが、子どもが発達するにつれてこれらの新しい能力に適したスケジュールブックに変えていくことが重要です。読みを学習することによって、子どもはあなたが使っているものと同じようなスケジュールを使うことができます。

第9章　写真や絵から文字へ

文字手がかりを導入する

　時には、初期の読みスキルが発達しはじめたら、スケジュールの写真に単語をつけることがあります。後に、子どもは写真の代わりに単語に反応するようになり、そうなると写真を取り外すことになります。図9-1に示した選択ボードでは、文字を写真の上に重ねています。その後、写真を取り除き、単語だけを残し、それでも子どもたちはスケジュールの活動を続けました。

　しかし自閉症児の中には、文字のスケジュールを使えるようになるためにより系統的な指導が必要な子どももいます（McClannahan, 1998）。一口サイズのマウンズ（Mounds/訳注：米国 Hershey 社のキャンディバーの商品名）キャンディバーが特に好きな子どもがいて、マウンズの写真がスケジュールの中に入っているとしましょう。写真から文字へ移行する最初のステップは、カラー写真を白黒写真か包み紙のコピーに替えることです。その次のステップは、(a) 包み紙の上下を少しずつ切っていく、(b) 包み紙の横を切って

図9-1
この選択ボードでは、写真の上に文字が重ねられています。

いく、(c)"Peter Paul"という小さな文字を切りとる、(d) 単語の下の線を切る、というものです（図9-2参照）。そして"Mounds"という単語だけが残りますが、これは特別なフォントで印字されています。もしパソコンを持っていれば、よく使われるフォントやサイズに段階的に移行していくことができるでしょう。もしパソコンを持っていなければ、徐々に小さく印刷することで同じ効果が得られるでしょう。もちろん、それぞれ次のステップへ移行しても、子どもが新しいステップでも正しく反応していることが重要です。もしプロンプトが必要な場合やマウンズ以外のものを使う場合には、前のステップに戻り、練習の機会を与えることが重要です。

　これらの手続きは刺激フェイディング（stimulus fading）と呼ばれます。刺激フェイディングプログラムを計画する時は、基準と関連する刺激と基準と関連しない刺激を特定することが重要です。基準と関連する刺激はフェイディングされません。それはあなたの行動に影響を与える刺激で、社会の多くの人の行動に影響を及ぼすものです。先の例でいうと、色や大きさは基準には関連しません。というのは、"Mounds"という単語が一

図9-2
子どもにマウンズのキャンディバーの写真から"Mounds"の文字に手がかりを移行させる際のステップ。

第9章　写真や絵から文字へ

般的な大きさとフォントで子どもの選択ボードやフラッシュカードに示されていれば、色や大きさは"Mounds"という単語の読みには関係しないからです。一方、"Mounds"という単語は基準に関連します。刺激フェイディングプログラムが上手く計画されていると、誤反応が少なく、早く学習できます（Etzel & LeBlanc, 1979）。

　もし活動スケジュールの写真に単語が含まれていなければ、単語を写真に重ねて表示することで、子どもは文字のスケジュールに移行しやすくなります。例えば、6歳のEJはいくつかの写真の活動スケジュールを使うことを学習しましたが、読みの発達は遅れていました。彼の教師は体育の活動スケジュールの写真に文字を重ねて表示し、背景を徐々にフェイディングする手続きを用いて、文字の活動スケジュールの学習を促進することができました（Birkan, McClannahan, and Krantz, 2007）。EJの体育の写真スケジュールはトランポリン、平均台、トレッドミルなどの運動器具のデジタル写真15枚から構成されていました。コンピューターソフト（Adobe Photo Shop）を用いて、各々の写真の中央に単語を重ねて表示しました。例えば、トランポリンの写真には「とぶ」という単語が、トレッドミルの写真には「あるく」という単語が重ねて表示されました。

　EJの指導者は、彼が活動を命名できない場合（後には頻出単語を読めない場合）には、マニュアルガイダンスでその文字を指さしさせながら単語の読みのモデルを提示すること以外は、彼が体育館のスケジュールに従うよういつもの手続きを使っていました。EJが自分のスケジュールの写真を命名できるようになると、背景のフェイディングを始めました。フェイディングは5つのフェイズから成っていました。第1フェイズと第2フェイズでは、写真の上と下が1cm切り取られました。第3フェイズでは、写真の文字の部分だけが残るように切り取られました。次のフェイズでは（5つの単語のみ必要でしたが）、Adobe Photo Shopを使って、写真の見える部分の背景色を塗りつぶしました。最後のフェイズでは、活動スケジュールのページには単語だけが残りました。

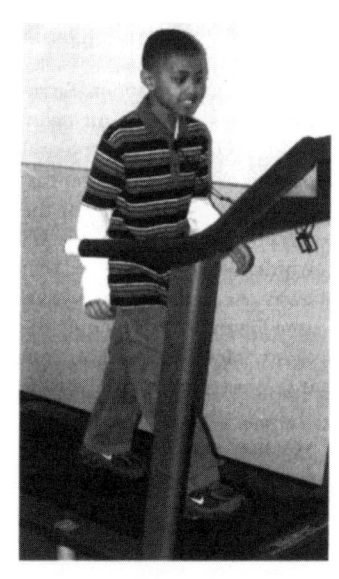

図9-3
頻出単語を教える際の文字の重ね書きと背景のフェイディング。
(上) EJ は学校で体育の授業を受けた24日間に、頻出単語15語を読むことができるようになりました。
(右)「あるく (Walk)」という文字がデジタル写真の上に重ね書きされ、背景が徐々にフェイディングされます。

　EJ は教室の読みプログラムでは5か月間で16の頻出単語しか覚えませんでしたが、文字を重ねて表示し背景をフェイディングする手続きでは、24日間で15の頻出単語を覚えました。EJ は体育の活動をやりながら単語の読みを覚えたので、この指導方法は効率的でした。しかし、最も重要なことは、彼が写真から文字のスケジュールに移行し始めたことです。
　刺激フェイディング手続きは写真から文字へ移行する際にしばしば役立ちますが、他の方法も有効です。ある研究（McGee et al., 1986）では、2人の自閉症児が機会利用型指導の中で機能的な読みスキルを獲得しました。子

どもがジェスチャーや言葉でおもちゃを要求した時、その子はその単語を選択した後でそれを使って遊ぶことが許されました。その結果、その子どもは標的の単語を理解して読み、それが違う大きさやフォントで提示された時や、カードではなくブックの中に提示された時でも、それを読むことができました。

他の研究者（Miguel, Yang, Finn and Ahern, 2009）は、子どもがスケジュールの中で写真から文字に移行しやすくするために見本合わせ手続きを用いました。子どもは実験者が提示した単語に対応する写真や文字単語を選ぶことを教えられました。訓練後、2人の自閉症の幼児は、「課題をやり終えることで文字単語に反応することができ、文字単語を写真とマッチさせることができ、特別な訓練なしに文字単語を読むことができました」（p.703）。

読みスキルと「To-Do リスト」

写真よりも文字の方が活動をより効率的に表せるので、読みスキルが発達すると自立と選択の新しい機会が生まれます。子どもが写真手がかりよりも文字手がかりの方を使い始める際には、少なくとも当分の間はそれまでのやり方を続けてもよいでしょう。選択ボードやバインダーから単語カードを選ばせ、それをスケジュールブックに貼るようにさせます。しかし、子どもが自分のスケジュールをほとんど間違えることなくできるようになったら、「To-Do リスト」を導入する時です。

習得した単語を順序よく並べることによって、子どもは一連の行動を続けてするようになります。「To-Do リスト」は宿題、運動、社会的相互交渉課題の他にも、家事や食事の準備、身辺処理活動の手がかりとして用いられます。

書字スキルのある子どもには、リストの各項目の左側に空欄を設け、1つの活動が終わるたびにチェックすることを教えましょう（図9-4参照）。もしペンを使うのが難しい場合は、各項目の左側に小さなマジックテープを付け、リストの中の次の課題にコインやトークンを貼り替えることを教えま

To-Do リストの例

洗面台の掃除

_____ 物入れから洗剤とタオルが入ったバケツを持って来る
_____ ゴム手袋をはめる
_____ 洗面シンクの周辺にあるものを脇に置く
_____ 鏡に洗剤をスプレーする
_____ ペーパータオルで鏡を磨く
_____ 汚れが残っていないか調べる
_____ 洗面シンクに洗剤をスプレーする
_____ ペーパータオルできれいにする
_____ 汚れが残っていないか調べる
_____ 脇に置いておいたものを元に戻す
_____ 洗剤とタオルをバケツに片付ける
_____ ゴム手袋を外す
_____ バケツを物入れに戻す
_____ 手を洗う
_____ 母親に「洗面台はきれいですか？」と聞く

プディングを作る

_____ 手を洗う
_____ ボウルを取り出す
_____ 計量カップを取り出す
_____ 牛乳を取り出す
_____ カップに牛乳をいっぱいになるまで入れる
_____ カップの牛乳を皿に入れる
_____ 計量カップを食洗器に入れる
_____ 牛乳を元に戻す
_____ プディングの箱を取り出す
_____ はさみを取り出す

図9-4
To-Doリストは、家事、食事の準備、身辺処理課題の手がかりになります。子どもはそれぞれの項目をやり終えると、その項目の左にチェック印を記入します。

第9章　写真や絵から文字へ

- _____ 箱を開ける
- _____ 袋を切って開ける
- _____ プディングの素をボウルに入れる
- _____ 箱を捨てる
- _____ はさみを元に戻す
- _____ 泡立て器を取り出す
- _____ タイマーを2分にセットする
- _____ プディングの素を混ぜる
- _____ タイマーが2分を知らせる
- _____ ボウルに蓋をする
- _____ ボウルを冷蔵庫に入れる
- _____ タイマーを5分にセットする
- _____ 泡立て器を食洗器に入れる
- _____ カウンターを拭く
- _____ 小さな皿を2つ取り出す
- _____ ナプキンを2枚取り出す
- _____ 大きなスプーンを1つ取り出す
- _____ ジミーに「プディングを食べますか？」と聞く

ひげ剃り

- _____ 電気カミソリセットを取り出す
- _____ 電気カミソリのスイッチを入れる
- _____ 左のほほを剃る
- _____ 右のほほを剃る
- _____ 鼻の下を剃る
- _____ 顎を剃る
- _____ 首のところを剃る
- _____ 電気カミソリのスイッチを切る
- _____ 剃り残しをチェックする
- _____ 電気カミソリを掃除する
- _____ 電気カミソリを袋に戻す
- _____ 電気カミソリセットを元に戻す
- _____ 洗面台をきれいにする

図 9 - 5
メインの文字の活動スケジュールに「ミートローフ」が出てきたら、ジェームズはミートローフ作りのサブスケジュールを持ってきます。彼のミートローフのスケジュールは、徐々に1枚のレシピに変えられます。

しょう（図 9 - 6 参照）。「To-Do リスト」は、最初のスケジュールを教えた時と同じ方法で教えます。初めてリストを見せる時は、マニュアルガイダンスといつものプロンプトおよびプロンプトフェイディング手続きを使います。

「To-Do リスト」の利用を覚えることはとても重要なことです！ 多くの大人も試合前の練習することや、土曜日の用事、食料品の買い出し、電話などを思い出すために、「To-Do リスト」を使っています。

第9章　写真や絵から文字へ

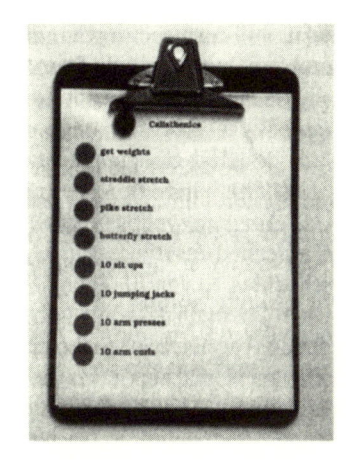

図9-6
運動のための「To-Doリスト」。子どもは1つの課題をやり終えると、コインを次の課題の左に移します。

手帳を使う

　読み書きのスキルが発達するにつれて、私たちとほとんど同じような手帳を使い始める子どももいます。選択ボードやバインダーに以前提示されていた単語を、ファイルボックスに入れられた3×5インチの情報カードに替えます。いつもの指導手続きを使って、ボックスから情報カードを取り出して作業台に置き、その活動カードを順番に並べ、選択した順に手帳に記入するようガイドします。スケジュールが出来上がったら、マニュアルガイダンスとプロンプトフェイディング手続きを使って、それぞれの活動が終わったらチェック印を記入するか、線で消すように教えます（図1-3参照）。私たちは、情報カードを使ってスケジュールを作るのに毎日30分以上かかる子どもがいることも知っています。このことは問題視することではなく、子どもが自分のスケジュールをどれだけ気にかけているかの指標として見ています。

　普通の手帳を選ぶかシステム手帳を選ぶかは、子どもが書ける文字の大きさによって決まるかもしれません。文字が大きければ机上サイズのシステム手帳を使い、行間を徐々に狭めていきましょう。可能であればできるだけ小

107

さな手帳を買いましょう。

　多くの子どもにとって、手帳やシステム手帳はメインのスケジュールです。このメインのスケジュールには、多くのサブスケジュールがあります。10歳のトーマスは、多くのサブスケジュールを持っています。例えば、システム手帳の中にあるメインスケジュールが算数になると、彼は算数の課題の入ったノートと関連するワークシートを取り出し、机に持っていき、問題に取り組みます。手を挙げて教師にワークシートをチェックしてもらいます。トーマスと教師が答えを見直すと、用具を片付け、システム手帳に戻り、その活動にチェック印をつけて終わったことを示します。

　ある日には、彼のスケジュールに食事の準備が出てきます。彼は以前に習得したレシピが載っているノートと、新しいメニュー「チキン・ヌードル・キャセロール」を覚えるために使っている「To-Doリスト」を取り出します。以前の食事準備スケジュールに入っていた課題の中には、そのスキルを獲得したので新しいレシピには入っていないものもあります。例えば、手を洗ったり、缶を開けたり、汚れた食器を食洗器に入れたりすることの手がかりはもう必要ないのです。彼のその他のサブスケジュールには、読書、書き取り、タイピング、歯磨き、運動、昼食しながらの友だちとの会話があります。

ハイテク時代の活動スケジュール

　今日では、活動スケジュールで成長した子どもたちも、パソコンに表示されたスケジュールの使い方を学習するかもしれません。デスクトップPCのスケジュールは、初期のスケジュール従事スキルを獲得して、部屋から部屋への移動が必要な活動が未達成の子どもには最適です。パワーポイントを使って写真や音、文字、ビデオ入りのデスクトップPCスケジュールを作ることもできます（Rehfeldt, Kinney, Root, & Stromer, 2004）。

　写真や文字のスケジュールを習得した年長の自閉症児や大人では、次にハンドヘルドPCやポケットコンピューターともいわれる携帯情報端末（PDA

第9章 写真や絵から文字へ

など）に表示されたスケジュールの使い方を学習するかもしれません。アップル社の iPod touch、Archos、マイクロソフト社の Zune のようなハンドヘルドPCは、デジタル写真や文字を表示することができます。私たちのところでは、9歳の子どもが携帯情報端末に表示された写真や文字のスケジュールの使い方を学習しています。スタイラスペンやタッチスクリーンを使って、終わった活動を次々に消していくのです。始めはスタイラスペンやタッチスクリーンを力いっぱい押したり、デジタル情報端末を丁寧に扱わなかったりす

図9-7
トミーは自分のスケジュールをポケットコンピューターに入力します。

るかもしれませんが、通常はマニュアルガイダンスやプロンプトフェイディング（そして時にはトークンの撤去）によってこれらの問題は解決できます。多くの利用者は自分で PDA にスケジュールを入れることはまだ習得していないので、教師や親がこれをやってあげています。後で、年長の自閉症児や大人は携帯情報端末に自分でスケジュールを入れることを教えられます。もちろん、これは文字や写真の活動スケジュールを用いてできるようになります（図9-7参照）。

最近では、ある研究グループ（Mechling, Gast, and Seid, 2009）が、写真と音とビデオのプロンプトと読み上げ機能がついた携帯情報端末（PDA）を用いて、自閉症スペクトラム障害児にハンバーガーヘルパー（訳注：乾燥玉ねぎ、パン粉、調味料などが入ったハンバーグの素で、ひき肉にまぜて焼くだけで、簡単にハンバーグが作れる）やトースターピザの作り方を教えました。その研究者は、レシピを完成させるスキルが青年期でも長期にわたって維持されたこ

とを報告しています。しかし、複数の手がかり（例えば、写真と音とビデオと読み上げ）は最後にはフェイディングされるべきですので、これらが子どもたちの自立の発達を遅らせている場合もあることには注意しなければなりません。

　今日では、ポケットコンピューターはユビキタスになっていて、その普及は自閉症児にとっても役立ちます。バインダーの中の活動スケジュールは邪魔で扱いにくく、地域社会では注目されてしまうかもしれませんが、PDAの活動スケジュールは目立ちません。しかし、ポケットコンピューターは高価です。さらに、3穴バインダーの写真スケジュールとPDAの写真スケジュールの使用を比較した研究では、パフォーマンスの違いは見られませんでした。両方とも高い課題達成率を維持していました（Decker, Ferrigno, May, Natoli, Olson, Schaefer, Cammilleri, and Brothers, 2003）。

第10章

社会的相互交渉スキルを伸ばす

Activity Schedules for Children with Autism

はじめに

　第3章では、子どもたちが最初に使う活動スケジュールにどのようにして社会的な活動を入れればよいかについて述べました。本章では、もっと複雑な社会的相互交渉課題をどのようにプログラムすればよいかについて述べます。当然のことながら、これらは子どもの現在の言語レベルに合わせて始めると、上手くいく可能性が高くなります。

無発語の子どもの社会的スキル

　まだ話し言葉を獲得していない子どもたちも、社会的活動を始めることを学習することができます。例えば、スケジュールブックや選択ボード、バインダーから、抱っこ、ワゴンあるいはシャボン玉の写真を剥がし、あなたとの社会的活動の開始の手段として渡すことを教えることができます。子どもはまだ話すことはできませんが、あなたを探し、注意を引き、社会的活動を始めることを学習できますし、会話のモデルを提示することもできます。

　後で、あなたは選択ボードに家族やセラピストの写真を貼り、子どもがやりたい活動とそれを一緒にする人の両方を選ぶように教えることもできます。活動の写真を選び、人物の写真を選び、活動の写真が貼られたカードに人物の写真を貼り、最後にその家族を探すようにガイドし、社会的活動を始めるための手段としてその家族にカードを渡します。

　あなたの子どもが楽しめる社会的活動を提案しましょう。子どもが好きなことの中から、好きな本を読む（あるいは、その中の絵の名前を言う）、音の出るおもちゃで遊ぶ、ブロックを積んで倒す、懐中電灯で遊ぶ、三輪車に乗せる、膝の上で揺らしたりするなどです。視覚的に注目するスキルがまだ十分発達していない場合には、あなたはカードを受け取ってその活動を始める前に、子どもがあなたの方を見るように待ち、注目スキルを形成することもできるでしょう。

第10章　社会的相互交渉スキルを伸ばす

　自閉症児の中には、他者の「注意を引く」ことが難しい子もよくいます。すなわち、他の人と社会的経験を共有するために、対象物を指さしたり見せたりすることができないのです。例えば、色を塗った絵を両親に見せたり、興味のある物を指さしたり、遊んでいる様子を両親に見るように頼んだりすることが難しいのです。その一方で、両親が注目することによって知らず知らずのうちに強化している常同行動や問題行動をしてしまうこともよくあります。このパターンが長く続くと、子どもの問題行動はより頻繁になり、適切な行動によって注意を引くスキルの発達という点で、他の子どもたちに比べさらに遅れをとってしまいます。ここに重要なメッセージがあります。子どもの言語が発達するにつれて、社会的始発の指導を早く始め、それを継続することです。

カーク

　学校から帰る車の中で、16歳のカークは、母親がいつもと違う道を通ろうとしたり、車を停めて用事を済ませに行ったりすると、しばしば泣いて座席の後部を蹴っていました。これに対して、母親は先取的なアプローチを採りました。つまり、自分たちが停まる可能性のあるすべての場所の写真を撮って、1ページに1枚ずつアルバムに貼ったのです。アルバムの表紙にはマジックテープで留めたボタン式のレコーダーがあり、「どこに行くでしょう？」と録音された質問が再生できるようになっていました。アルバムの最後のページには家の写真が貼ってありました。アルバムの各ページの下にはトークンが付けられるようになっていて、アルバムの表紙に小さなマジックテープが貼ってありました。

　車に乗る前に、カークの母親はその日の計画に従ってアルバムの中の写真を剥がし、並べ替え、置き換えました。銀行のドライブスルー窓口を離れるなど、1つの用事が済むと、「銀行が終わりました。トークンを貼ってください」とか「銀行が終わったよ。トークンがもらえるよ」などと言いました。カークが蹴ったり泣いたりした場合は、彼はトークンをもらえず、ずるをして貼ろうと

した場合は母親が安全な駐車スペースに車を停め、アルバムとトークンを取り上げました。しかし、カークはすべてのトークンをもらった時には、家について特別なごほうびと交換できました。

　最初の練習では、母親から説明を受けたカークの姉が、彼が車に乗っている間一緒にいてガイドしました。2, 3回練習した後で、カークは自分から進んで車に乗ってスケジュールをチェックしました。問題行動は今ではほとんどありません。2週間後、カークは車に乗ると「どこに行くでしょうか？」と、レコーダーのボタンを押さずに自分から質問しました。3回連続でこれができた後、レコーダーは取り除かれましたが、彼は家に帰る途中に寄るところについて母親と会話を続けています。

発語の少ない子どものソーシャルスキル

　もし他にも子どもがいれば、あなたは定型発達の幼児がしょっちゅう「見て」「僕を見て」「あれは何？」「パパはどこ？」「できた」などと言うのを知っているでしょう。これらの言葉は、カードリーダーやボタン式のレコーダーを使うことによって、幼児の活動スケジュールに入れ込むことができます。これによって子どもはやり取りを開始することができるようになり、あなたからの言語プロンプトに頼るようになる可能性を減らすことができます。

　子どもに模倣してほしい言葉のモデルを録音したら、それを使う順番に活動スケジュールに入れましょう。カードリーダーとカードを使う場合は、小さなマジックテープをカードの最上部で、カードリーダーを通す部分より上に貼っておき、使うカードをそこにマジックテープで貼ります。Voice-Over（付録B参照）のような比較的薄いボタン式のレコーダーを使う場合は、レコーダーを活動スケジュールのページに貼っておきます。

　もし「見て」という単語を録音したら、スケジュールブックをアレンジして、その単語の入ったカードやボタン式レコーダーを、子どもがあなたにできたことを見せる活動の次に入れます。例えば、子どもが色塗り課題、パズ

ル、ブロックの塔などをやり終えた後で、できたものをあなたや他の家族に持っていき、スケジュールからカードやボタン式レコーダーを剥がし、レコーダーを再生して「見て」と言うように教えます。「僕を見て」という単語を録音したら、カードやボタン式レコーダーの写真を、あなたが聞き手となる活動の前に入れます。子どもが録音されたスクリプトを再生し、「僕を見て」と模倣し、それからでんぐり返りをしたり、トランポリンを跳んだり、ボールを投げたり、斜面を駆け下りたりするように教えましょう。

　子どもが「見て」とか「僕を見て」とか言った時には大げさに反応しますが、子どもにもっと言葉を話すよう促さないことです（これは断続試行型の指導セッションではありません）。その代わりに、子どもが理解でき、子どもの興味を引くようなメッセージを送りましょう（例えば、「アイスクリームが塗れたね！」とか「バーニーのパズルだ！」とか「赤い消防車だ！」などです）。そして期待して子どもを見て、何か言うかどうか待ってみます（もし何も言わなくても、「バーニーは紫だね」など、別の簡単なコメントをしましょう）。研究によれば、長期にわたって、子どもは自分が知っている単語と親が話した単語をつなぎ合わせて「見て、バーニーだ」とか「大きい消防車だ」のような新しい言い方が可能になることが報告されています（Krantz & McClannahan, 1998）。

　あなたが活動スケジュールに社会的活動を加える時には、まずそれが上手くいくように環境を整えることが重要です。活動スケジュールやカードリーダーをおもちゃの棚の近くに置きます。床や小さいいすに座ってあなたと子どもの視線を同じ高さにし、スケジュールの近くに座って素早くプロンプトし、誤反応を防ぐようにしましょう。

　子どもがカードリーダーやボタン式レコーダーを使い、あなたの方に近づき、録音された単語を模倣し、活動を行うように教えるためには、これまでと同様にマニュアルガイダンスやプロンプトフェイディング手続きを使います。録音を再生しても模倣しない時は、もう一度（繰り返し）再生するようにマニュアルガイダンスしましょう。しかし、言葉を使ってはいけません。

子どもが録音された単語の模倣が難しい場合には、スケジュールに入れる前に、録音された単語を模倣する断続試行訓練をすることも考えてみましょう。

　最初の社会的な課題を習得したら、徐々に増やしていきます。「パパはどこ？」などのスクリプトは、家の中を歩き回ってくすぐりや「高い高い」をしてくれる親を探す機会になります。そして「ワンワンはどこ？」のスクリプトは、庭を少し歩いて家族のペットと遊ぶ機会になります。

　子どもが録音されたスクリプトを再生し、あなたに近づき、スクリプトを言うことを覚えてきたら、活動スケジュールから父親を遠ざけ、子どもが会話の相手を探すことを学習するようにしましょう。これらの手続きは、『Teaching Conversation to Children with Autism: Scripts and Script Fading』（McClannahan and Krantz, 2005）で詳しく説明されています。

友だちとやりとりするスキル

　他人の行動を観察し、模倣することを学ぶことは社会的相互交渉スキルの発達に重要なことです。親は自分の赤ちゃんにとってしばしばモデルを出します。例えば、「バイバイ」「うーん、いいね」「おしまい」「パパ」「ママ」などです。そして定型発達の赤ちゃんはこれらのモデルをすぐに模倣し始めます。しかし、多くの自閉症児は模倣を学習することに特別な指導を必要とし、教師や親のモデルを忠実に模倣できるようになっても、他の子どもの反応を模倣しないこともあります。友だちを模倣することを教えることは、友だちとのやり取りレパートリーの発達の第一歩です。

　私たちのところでは、友だちを模倣するプログラムの開始に当たっては、注意深く手続きを決めています。2人の子どもがテーブルに向かい合って座ります。それぞれの子どもの前のテーブルにそれぞれ3つのおもちゃを置き、後ろには大人が控えます。一方の子どもがそれぞれのおもちゃの写真が入った活動スケジュールを始めます。大人はその子どもに、スケジュールブックを開いてそこに写っているおもちゃを指さして使うようにガイドします。も

第10章　社会的相互交渉スキルを伸ばす

う一人の大人は、もう一方の子どもに、相手の子どもの行動を模倣するようにガイドします。子どもたちは2人ともトークンをもらいますが、1人はスケジュールの遊びのモデルを見せたこと、もう1人はそのモデルを模倣できたことに対してもらいます。活動スケジュールが終了すると、それぞれの子どもは自分のトークンを特別なごほうびと交換し、「教師役」と「生徒役」の役割を交代します。

「教師役」と「生徒役」へのプロンプトは、段階的ガイダンスで始まるいつもの方法でフェイディングします。大人との距離が30cm あるいは60cm 離れてても、2人の子どもが活動スケジュールに従ってお互いに模倣することができたら、スケジュールの写真の順番を変え、テーブルのおもちゃの並べ方も変えます。

子どもが友だちのモデルの行動を模倣するようになったら、くねくねしたり、跳んだり、拍手をしたり、座ったりといった他の行動の模倣を教えることが重要です。もし子どもがアルファベットを読むことができれば、活動スケジュールは、友だちに「Aをとって」と指示することの手がかりとなり、

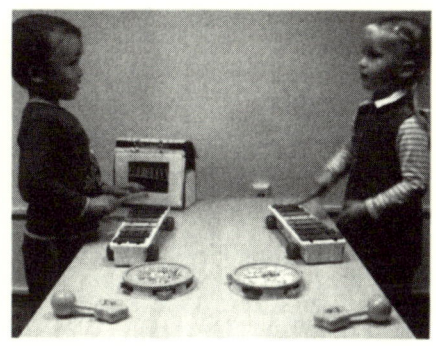

図10-1
（左）ポーランドのグダニスクで、ヤチェクは教師役をし、自分の活動スケジュールの写真を指さします。（右）彼が木琴を叩くモデルを示すと、双子の妹のアレキサンドラはそれを模倣します。次に、アレキサンドラが教師役になり、今度はヤチェクが彼女のモデルを模倣します。

そして、友だちは指示された文字を探し、アルファベットパズルにそれを入れます。他の活動スケジュールでは、「教師役」の子どもが相手の子に「2を探して」や「牛を取って」などの指示をする手がかりになるでしょう。もちろん、目標は高度に構造化された形式ではなく、一緒にパズルをする、交替で滑り台をする、園庭で追いかけっこをする、かけっこをする、ゲームをする（Betz, Higbee, and Reagon, 2008）、おもちゃで遊びながらやり取りを始める（Wichnick, Vener, Keating, and Poulson, 2010）などの協同遊びを教えることです。

十分な発話のある子どものソーシャルスキル

大人は、自分がしたことやこれからすることについてよく言葉で話します。録音されたスクリプトや文字スクリプトは、もし文字を読むことができれば、自閉症児に同じことを可能にします。例えば、子どもの活動スケジュールは、「切るよ」あるいは「絞り終わった」といった報告をする手がかりにすることができます。プリンストン児童発達研究所（PCDI）の幼稚園や学校での研究は、十分な言語のある子どもの場合、コミュニケーションの例をいくつか提示することによって言語の使用を拡大できることを示唆しています。例えば、はさみとのりを使おうとしている子どもは、次の3つのスクリプトから1つを選択します。「今から切る」「のりだ」「切りたい」などです。はさみで切ってのりで貼ったら、次に3つのコミュニケー

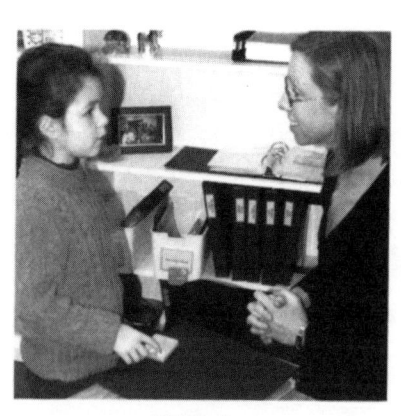

図10-2
マーサはボタンを押して一部が削除されたスクリプト「かく……」の音声を流し、教師に向かって「かくのはたのしい」と言います。教師は「ママってかいたね」と答えます。

ションから再度選択します。つまり、「切るの面白い」「切るのおしまい」「貼るのおしまい」です。

　文字スクリプトと音声スクリプトは、自分や他者に関する情報を授受し、他者に活動への参加を求めることを学習しくします。例えば、幼児は友だちやきょうだいの手を取ってワゴンやシーソーに向かって移動する時に、「行こう」とか「こっち来て」が録音されたモデルを模倣することができるでしょう。「何やっているの？」や「これなあに？」といったスクリプトは通常、両親からだけでなく、きょうだいや友だち、親戚からも反応を引き出します。そして、もっと読み書きスキルのある子どもは、「バーガーキングが好き」「好きなレストランはどこ？」「トニーは友だちだよ」「ペット飼ってる？」「音楽好き？」といったコメントや質問で会話を始めることができるでしょう。

録音されたスクリプト

ロンと教師の会話は、ロンが録音されたスクリプトを再生した後で開始されます。教師は質問や指示をせず、ロンの興味のあることについてコメントしていることに注意してください。

ロン：（録音されたスクリプトを言う）。ママとパパとキャンプに行くの。
教師：寝袋を持ってるんだ。
ロン：テントで寝るんだよ。
教師：川のそばでキャンプするんだ。
ロン：川のそばで……、泳ぐんだ。
教師：泳ぐの上手だよね！（ロンの反応を促すために話題を広げる）。それからボートに乗るんだ。
ロン：ボート……、僕ボート好きだよ。
教師：先生も好きだよ。それからキャンプに行ったらホットドッグを作るのも好きだよ。
ロン：僕、ホットドッグ好き。
教師：先生はホットドッグにマスタードとケチャップをかけるな。
ロン：（10秒間反応なし）
教師：上手におしゃべりできたね。
ロン：上手におしゃべりできたね。（スケジュールに戻る）

図10-3

このように会話を自分から始めるのに矢継ぎ早に質問させるべきではなく、子どもが理解でき興味のあるコメントにすることを覚えておいてください。社会的相互交渉スキルは自閉症児には難しいですが、私たちがたくさんの言葉で難しい質問をしたり要求したりしなければ、相互交渉は楽しいものだということを学習しやすくなります。図10-3は、9歳のロンと教師の会話で、ロンは家族とキャンプを楽しむことができるので、前もって録音されたスクリプトではこの話題を強調しています。教師は質問や指示を出していませんが、ロンの参加を促すように会話を誘導していることに注意してください。

音声や文字手がかりのフェイディング

　子どもが録音されたスクリプトや文字を使って社会的相互交渉を始めることができるようになったら、次のステップでは、自立に向けてこれらの手がかりを徐々になくしていきましょう。例えば、録音されたスクリプトが「何してるの？」で、子どもがこのスクリプトをいつも言えるようになったら、最後の単語をなくし、「何して……」の部分だけ再生するようにします。2、3回続けて完全なスクリプトが言えたら、もうひとつ語をなくし、「何し……」にしましょう。子どもが間違えたら、前のステップ（「何して……」）に戻りましょう。しかし、何回か正しく言えれば、「何……」にフェイディングしましょう。最終的には、「何……」をなくして、空白のカードやメッセージのないボタン式レコーダーにしましょう（Stevenson, Krantz, & McClannahan, 1998）。

　空白のカードやボイスレコーダーに何も録音されていなかったら、多くの子どもはカードリーダーやボタン式レコーダーが壊れたかと思って、スクリプトを言う前に数回ボタンを押したりカードを再生したりします。もし子どもがスクリプトを言わなければ、そのカードやボタン式レコーダーを置き、あなたの方を見るようにマニュアルガイダンスします。それでもスクリプトを言わなければ、以前のステップ（「何……」を再生）に戻りましょう。最

第10章　社会的相互交渉スキルを伸ばす

終的に、それがなくてもスクリプトを言うようになったら、もっと多くの会話スキルを教えるために、新しいスクリプトを追加して同じプロセスを繰り返しましょう。

　スクリプトフェイディング手続きは、文字についても同様です。もし女の子が「歌は好きですか？」という文を読めれば、「歌は好きで……？」とフェイディングし、それでも正しく言えれば「歌は……？」などと、一般的な手がかり（「話す」という単語）だけが活動スケジュールに残るようにしていきます（Krantz, & McClannahan, 1993）。

マーカス

　マーカスは7歳で、ピアノを弾くことが好きでしたが、それについて話すことはありませんでした。彼には読みスキルはいくらかあったので、彼の教師はピアノ演奏についてのスクリプトを作成しました。「ピアノの練習をします」「これを聞きます」「それは僕のお気に入りの曲です」といったスクリプトを、見出しカードに書きました。次に、教師はマーカスに標的の文を読むように言い、いくつかの単語を読めなかったり間違って読んだ場合はその単語をフラッシュカードにして、スクリプトを活動スケジュールに加える前に、その読みを教えました。このスクリプトはマーカスの文字スケジュールの中でピアノ練習の前後に出てきて、彼がそれを安定して読むようになったら、最後の文字から徐々にフェイディングしました。例えば、「ピアノの練習をします」というスクリプトは、「ピアノの練習を……」になり、そして「ピアノの……」になり、「ピア……」となって、最後は空白のカードだけがスケジュールに入っているようにしました。

　スクリプトの導入とフェイディングを数セット繰り返した後で、マーカスは毎日使っている活動スケジュールをめくり、図10-4に示したピアノスケジュールを見つけました。マーカスの先生はスケジュールの中の「話す」という単語を指さすようにガイドし、トークンを一つ見せて待ちました。数秒後、マーカスは「ピアノの練習をします」と言いました。

Practice Piano

__ Talk
__ Play Song 1
__ Talk
__ Play Song 2
__ Talk
__ Play Song 3
__ Talk

図10-4
（左）マーカスはピアノのスケジュールを使うことで、聞き手とのやり取りがやりやすくなりました。（右）最初の曲を弾いた後で、先生の方を向き、「ヤンキー＝ドゥードゥルを弾きます」と言います。

　図10-4は、マーカスのピアノスケジュールと、マーカスが先生とやり取りをしているところを示しています。

第11章

大人の活動スケジュール

Activity Schedules for Children with Autism

プリンストン児童発達研究所（PCDI）の介入を受けたことのある自閉症児の何人かは公立学校に移り、大人になった現在では私たちと見分けがつきません。彼らの学歴や経歴はさまざまですが、皆、私が使っているのと同じプロンプトシステムやリマインダーを使っています。PCDIの支援を継続して受けている十代の若者や成人の中には、幼児の頃からスケジュールを使っている人もいます。しかし、この技術は比較的新しいもので、大人になるまでスケジュールの使い方を学ぶ機会がなかった人もいます。自閉症の人に、活動スケジュールの使用を教えるのに遅すぎることはありません。

　しかし、最もよい環境では、大人への準備は21歳になるずっと前から始まります。大人としてのスキルを学ぶことは、早期からしなくてはいけません（McClannahan, MacDuff, & Krantz, 2002）。そのスキルは以下のようなスキルです。

- マニュアルガイダンスを受け入れる。
- 写真スケジュールや文字スケジュールに従って行動する。
- 必要な時は助けを求める。
- 選択して、自分の一連の活動を組み立てる。
- 社会的相互交渉を自分から始める。
- 継続的なスーパービジョンなしに課題をやり遂げる。
- 自分でごほうびを持ってくる。
- たくさんの異なる反応を含んだ長い活動をやり遂げる。

　活動スケジュールは子どもだけでなく、大人に対しても重要なレパートリーを育てる助けとなります。家事をしたり、家族とかかわりをもったり、就職に必要なスキルを習得したり、地域生活に参加するなど、今までより長く、しかもより細かな一連の行動を学習する助けとなります。

家庭の活動スケジュール

　PCDIプログラムに参加している若者や大人の中には、両親と一緒に住ん

第11章　大人の活動スケジュール

でいる人、グループホームに住んでいる人、支援付きアパートに住んでいる人がいます。居住環境のタイプに関わらず、自宅で生活するためにはかなり多くのスキルが必要になります。以下では、パトリック、トニー、ケイトという3人の自閉症の若者が、活動スケジュールによって自立のためのスキルをどのように習得したかを紹介します。

パトリック

パトリックは自宅で両親と2人の弟妹と暮らしています。彼は文字が読めません。メインの写真スケジュールにはサブスケジュールがたくさんありますが、各活動の多くのステップは1つの手がかりだけで示されています（Mechling, Gast, & Seid, 2009）。例えば、ひげ剃りのスケジュールは以前は18枚の写真で構成されていましたが、今は1枚の写真だけです。それは、シャワーを浴びる、爪を切る、にきびの薬を塗ることなども同様で、いずれも以前はそれぞれのスケジュールとして示されていたものです。

パトリックは季節に合った服や全体のコーディネーションを考えて服を選ぶことを、これまで学んでいませんでした。そのため両親は、シャツとズボンを組み合わせた写真を何枚か撮り、選択ブックに入れました。毎朝、彼は選択ブックの写真の中から1枚を選び、スケジュールに貼り、写っているシャツとズボンを探して自分で着ました。

少し前のことですが、パトリックはスケジュールに従って服を洗って乾かすことができるようになりました。その後は、洗濯機と乾燥機が写った写真1枚が洗濯の手がかりとなりました。しかし、パトリックは色の濃いものと淡いもので洗濯物を分類することが難しかったため、母親が代わりに洗濯物を分類していました。しかし母親は、この問題をカラープリンターを使って解決しました。淡い色合いのグラデーションと、濃い色合いのグラデーションを印刷し、2つの洗濯かごにテープで貼りました。淡い色の服と濃い色の服でいっぱいになった2つの洗濯かごの写真を、スケジュールに加えました。母親はマニュアルガイダンスとプロンプトフェイディング手続きを用いて、かごに貼ってある

125

サンプルの色を見て、２つのかごに服を分類することを教えました。

　写真の活動スケジュールで教えられる家事には、他にテーブルのセッティング、食洗機の使い方、部屋の掃除、食事の準備などがあります。パトリックは朝食では、トースト、スクランブルエッグ、オートミールを作ることができるようになりました。昼食には、何種類かのサンドイッチとサラダ、夕食には、スパゲティ、ミートボール、シェパードパイ、ツナキャセロールを作ることができます。

　パトリックは話すことはできますが、自分から話すことはほとんどありません。そのため、彼の活動スケジュールには、社会的相互交渉の課題が含まれています。数字が記されたボタン式のボイスレコーダーの写真が彼のメインの活動スケジュールに入れられていて、サブスケジュールの近くの棚に置いてあるレコーダーの数字とマッチングします。彼がボイスレコーダーの写真のあるページをめくると、その数字のレコーダーを取ってきて、家族の誰かを探します。レコーダーには「何しているの？」「何か手伝うことはある？」「僕はこれから～するよ」「～が終わったよ」といったお手本となるスクリプトが入っています。パトリックはいつも、誰かの援助なしでそうした文を使うことができます。きょうだいと一緒に何かをするためのスクリプトもあります（例えば、「ドミノで遊びたい？」）。

　パトリックのメインスケジュールの選択ブックの写真には、余暇活動の手がかりとなるものもあります。選択ブックには、ビデオゲーム、MP3プレイヤー、パズル、インラインスケート、パソコン、お菓子、テレビ、自転車の写真が入っています。

　パトリックが新しいスキルを学習している時には、段階的ガイダンスとプロンプトフェイディング手続きが必要ですが、活動スケジュールを使って家庭で自立していて、たくさんの家事をこなしています。

トニー

　トニーは10代の時はグループホームで暮らしていましたが、今は別の自閉

第11章　大人の活動スケジュール

症成人と一緒にアパートで暮らしています。10代の時、彼は写真スケジュールを使っていましたが、今は文字手がかりを使っています。文字を読むのはもともと上手ではありませんので、文字スケジュールに追加する前に、新しい文

トニーの週ごと、月ごとのスケジュールの例	
日　付	今週の活動
09/05/23	冷蔵庫を掃除する
09/05/23	台所を掃除する
	トイレを掃除する
09/05/18	メニューの予定を立てる
09/05/19	食料品の不足分を調べる
09/05/19	日用品の不足分を調べる
09/05/19	買い物リストを作る
	買い物の計画を立てる　＿＿＿＿＿＿で買い物
09/05/20	外出の計画を立てる　＿5月24日＿に＿映画を観に＿行く
	掃除機をかけ、ごみ出しをする
09/05/18,20,22	夕食を作る（月、水、金）
	シーツを洗濯する
09/05/18	体重を計り、記録する（月）　体重＿80＿kg
	郵便物を整理する
09/05/17,19,21	エクササイズバイクに乗る（週3回）
日　付	今月の活動
09/05/18	散髪の予約を入れる
	上着を洗濯する
	オーブンを掃除する
09/05/23	25日までに携帯電話の使用料を支払う（支払期日：1日）
	5日までに家賃を支払う（支払期日：10日）
	7日までに電話代を支払う（支払期日：12日）
	10日までにケーブルテレビの使用料を支払う（支払期日：15日）

図11-1

字の学習を続けています。

　ルームメイトと同じように、トニーは1日単位、週単位、月単位のスケジュールを使っています。1日単位のスケジュールには、多くの大人とよく似た活動が含まれています。週や月単位のスケジュールの一部を図11-1に示しました。トニーは夕食のメニューを決める時に、自分の「料理ブック」を参照します。このブックには、彼が既に習得したすべてのレシピ（手順を書いたもの）が記されていて、今学んでいるレシピも含まれています。トニーは次の週のためにいくつかのレシピを選び、買い物リストに必要なものを書き込みます。歯磨き粉、防臭剤、ひげ剃りクリームなどの薬局で買う日用品や台所の常備品がすべて書いてあるリストを持っています。食品や日用品の一覧を作る時には、そのリストから今あるものを消して、残ったものだけを買い物リストに書くようにしています。これらのスキルも活動スケジュールによって学びました。

　トニーは芝生のゴミを拾うといった庭のメンテナンスを仕事にしているので、定期的に上着を洗っています。読み書きは苦手ですので、紙幣での支払

図11-2
（左）トニーは休日にテーブルのセッティングをし、お客をランチに招待する準備をします。（右）彼はお客に挨拶し、部屋に招き入れます。

いは彼にとって難しいことです。そのため、彼は一度に1枚の紙幣で支払うようにしています。ですが、給料は何枚かの紙幣でもらっています。食事の準備と家事の分担については、ルームメイトと責任が平等になるようにスケジュールされています。

　トニーはまた、お客を招く際の活動スケジュールも持っています。まず、スケジュールにはお客を招待する時の用具があり、そしてお菓子や食事を用意し、お客を招き入れ（来客が知っている人か知らない人かを確かめることも含まれている）、食事を出し、会話を始めてその会話を続け、そして見送る、というものです。今では、このスケジュールはリマインダーとしてもっと短いリストになっています。

ケイト

　27歳のケイトは、MacコンピューターでiCalプログラムを使って、週・月・年単位の課題や出来事を忘れないようにしています（同じようなプログラムにOutlookがある）。彼女は文字の活動スケジュールでiCalの使い方を学習し、毎日使う活動スケジュールによって、コンピューターのディスプレイに示されたその日のスケジュールやそれを印刷して確認しています。1年間のスケジュールには、検査、歯科検診、眼科検診の日程も記入されていて、ある日程が決まると、その日時をカレンダーに入力します。家族の誕生日も記入されていて、彼女が誕生日カードを書いたり、プレゼントを買ったりする行動のプロンプトになっています。友達との予定、両親の家に行くこと、その他の特別な出来事などもカレンダーに記入されています。さらに、カレンダーに書かれていることが、会話のネタになることもあります。ケイトは家族に次回会いに行く日や、次の休日の予定、クリスマスプレゼントのリストなどについて話し合うことを楽しんでいます。

　ケイトは10代の頃、メールの使い方を覚えるために文字の活動スケジュールを使っていました（図11-3参照）。いつも持っている活動スケジュールを使うことで、簡単な内容をメールで送ることができるようになりました。つ

まり、スケジュールの各項目が、挨拶文を書く、初めのコメントや質問を書く、彼女の活動についての情報を書く、終わりの言葉を書く、最後に名前を書く、といった一連の活動の手がかりとなっています。そして今では、ケイトは友達や家族とコミュニケーションするのに、サブスケジュールは必要なくなりました。つまり、メインスケジュールだけで、メールを送ることができるようになったのです。ケイトは叔父や叔母、遠方の大学に行っているきょうだい、そして友達と連絡を取り合っています。活動スケジュールによって、彼女の生活でこれからも続く他者とのかかわりをもつことができるようになっています。

ケイトのEメールを使うスケジュール

　____ 1. Safariをクリックする
　____ 2. www.comcast.netに入る
　____ 3. User nameをクリックする
　____ 4. Kate_5732と入力する
　____ 5. Passwordをクリックする
　____ 6. Septemberと入力する
　____ 7. Sign inをクリックする
　____ 8. Mailをクリックする
　____ 9. 受信箱をクリックする
　____ 10. 件名をクリックする
　____ 11. メール本文を読む
　____ 12. 返信をクリックする
　____ 13. 返事を書く
　____ 14. 内容を確認する
　____ 15. 送信をクリックする
　____ 16. サインアウトする
　____ 17. Safariを閉じる

図11-3

第11章　大人の活動スケジュール

職場の活動スケジュール

動機付けシステム

　若者に働く準備をさせることの意味の1つに、お金の価値を教えることがあります。硬貨や紙幣を使ったトークンシステムは、そのために役立ちます。私たちが給料を楽しみにしているのは、食料品、日用品、衣料、休暇など価値のあるものを買うためです。同様に、クリップボードに付けてある硬貨は、好きな食べ物や活動と交換できるので、自閉症の若者にとっても価値があるのです。また、硬貨の数え方を覚えると、別の価値あるごほうびを買うために紙幣に交換することもできます。この手続きはお金の価値や稼ぎ方を教えるだけでなく、強化子が遅延しても活動に従事し続けることを教えるのにも役に立ちます。

　ほとんどの職場では、金銭の報酬（給料）は仕事をした数週間後に支給されます。しかし、多くの自閉症者にはその遅れを克服するために、中間の報酬を与える必要性があります。この報酬はできる限り目立たないものがよいでしょう。硬貨をトークンとして使い続けなくてはいけない人もいるかもしれませんが、この硬貨は写真スケジュールの各ページに付けられ、その活動が終わったらノートの表紙の裏に移します。もちろん、活動を終えていなかったり、間違ったのに自分で硬貨を取ってしまった時は、親、指導者、ジョブコーチがトークンを元に戻します。

　自閉症者の中には左のポケットに何枚かの硬貨を入れておいて、課題が終わるたびに1枚を右のポケットに移すというやり方をしている人もいます。すべての硬貨が右のポケットに移ったら、その人はごほうびと交換することができます。また、ゴルフ選手がしているようなリストカウンターを使う人もいます。課題が終わるたびにカウントされ、決められた数値になるとごほうびがもらえます。ポイントの書いてある見出しカードをポケットに入れ、一定のポイントがたまったら、そのごほうびと交換している人もいます。

　このような方法は、ごほうびをもらうまでの長い遅延を受け入れる助けに

131

なり、地域の職場で能力を発揮して働くためのあまり目立たない強化システムになります。

職場での選択

私たちと同様に、仕事に就いている自閉症の若者も、働く場所や日々の仕事の予定について選択できる機会を持つべきであり、活動スケジュールでそれができます。

ジュリオ

10代の時、ジュリオは文字の活動スケジュールの使い方を習得しました。その活動スケジュールは、ワープロのデータ入力、文書の整理、花壇の雑草抜き、中庭や歩道の掃除などの手がかりとなりました。その後、彼は仕事を選ぶ機会が与えられました。彼のキーボードを打つスキルは非常に高く、文書の整理でもほとんどミスはありませんでしたが、コンピューターの仕事よりも時間がかかるものであっても、彼はいつも外の手作業を選んでいました。ジュリオは、自分が関心を持っている仕事を伝えるための十分なコミュニケーションスキルは持っていませんでしたが、仕事を選択させることで、彼の仕事の好みがわかりました。彼は数年前から地域の農場で働いており、本人もその仕事が好きだと言っています。

ハリー

ホテルの清掃部門で働くハリーは、写真の活動スケジュールを使っています。フォトアルバム機能を使って、iPod touchに部屋の掃除の仕方をたくさんの写真で載せています。ハリーのジョブコーチは写真を撮ってiPodに取り込む前に、自分自身でその仕事のやり方を学びました。それから、マニュアルガイダンスとプロンプトフェイディング手続きを用いて、部屋の掃除スキルを教えました。ハリーは既にスケジュールを使えるようになっていたので、この新しい課題もすぐに達成基準を満たしました。部屋の掃除をした後、ハリーはもう

第11章　大人の活動スケジュール

一度それぞれの写真を見て、自分の仕事をチェックします。それから、最後の硬貨を左のポケットから右のポケットに移します。その後、次の部屋の掃除を始める前に、持っている iPod touch で少しの間ゲームをします。現在使われている多くのポケットコンピューターはいろいろな余暇で使えるだけではなく、複数の写真の活動スケジュールとしても使えます。

仕事のスケジュールと休憩時間

クリスはポケットコンピューターを使って、自分のスケジュールを文字で確認します。メインスケジュールからサブスケジュールに簡単に移動できます。彼はデジタルの出納簿として使えるアプリも使いこなすことができ、現在は、時計機能を使って約束や休憩時間を知らせるアラームの使い方を学んでいます。

働いている自閉症者にとって、休憩を取るスキルは必ず教えられなくてはならない重要なレパートリーです。スケジュールを上手に使えるようになっても、カフェテリアや食堂で静かに座っていたり、同僚と話したりすることはとても難しいことです。写真スケジュールや文字スケジュールを使って、この難しいスキルを補うことができます。例えば、ジョージの会話スキルは限られていたので、まず空いているテーブルで休憩することを教えました。彼の文字スケジュールには、雑誌を取る、ダイエットソーダを取る、食堂に行く、「やあ」「こんにちは」と挨拶をする、椅子に座る、腕時計のタイマーを10分に合わせる、雑誌を読む、タイマーが鳴

図11-4
クリスはワープロの課題が終わると、ポケットコンピューターに入っている自分のスケジュールを確認します。

ったら仕事に戻る、といった課題が含まれていました。ジョブコーチは隠れて様子を観察し、休憩時間に常同行動や不適切行動をしなかったら、後で好きなお菓子を渡しました。しかし、問題行動が起きた場合には、すぐに食堂に入り、ジョージのところに行き、静かに「休憩はおしまい。仕事に戻ろう」と言いました。ジョージはすぐに休憩のスケジュールを覚え、食堂に適した行動ができるようになりました。

　アリとジェーンは同じ会社で働いていて、昼食は社員食堂で一緒に食べます。以前は、ジョブコーチが作成した会話の話題が書かれたリストをそれぞれがテーブルに持って行き、リストを使って会話をしていました。今は、2人の携帯電話のノートアプリに話題のリストを入れていて、それを手がかりに会話を始めています。アリとジェーンがチラッと携帯電話を見る様子は、食堂にいる他の人となんら変わりません。

職場での問題解決

　自閉症者は普段の仕事は上手にやれても、思いがけない問題が発生すると、袋小路に入ってしまうかもしれません。問題解決スケジュールは、自閉症者が予期しない出来事に遭遇した際に選択肢を与えるものです。

　チャールズは投資会社で文書整理係として働いています。彼は上司にファイルを持って行き、それを決められた場所に戻します。就職してまだ数か月ですが、ほとんどミスはありません。しかし、持ってくるように言われたファイルがなかったり、キャビネットの中にその文書が違う名前のファイルに入っていた時など、時々、自分では解決できない困難に遭遇することがあります。

　こうした問題は、ほとんどの場合、活動スケジュールによって解決できます。チャールズの仕事のノートは内容ごとに分けられていて、それぞれに文字の活動スケジュールが記載されています。休憩のスケジュールや、カフェテリアで昼食をとるスケジュール、問題解決のためのいくつかの内容が入っています。例えば、「ファイルが見つからない」というラベルが貼られたノ

第11章　大人の活動スケジュール

図11-5
チャールズはファイルが見つからない時、問題解決スケジュールを使います。

ートには、もう一度探す、上司に聞く、「誰か○○のファイルを使っていませんか？」と聞く、上司は「はい」「いいえ」のどちらで答えたか○をつける、「はい」に○をつけたら作業を続ける、「いいえ」に○をつけたらジョブコーチを呼ぶ、といった内容が書かれています。

　問題解決スケジュールは、多くの若者が自立して働くためのスキルを教えるのに役に立っています。ビクターの上司は英語が母国語でないため、仕事の指示を与えられても、何を言っているのかわからないことがあります。そんな時、文字スケジュールは丁寧に質問をする助けとなります。それでも理解できなかった時は、スケジュールにはジョブコーチを呼び、上司に代わりに言ってもらうように頼む、という指示が書かれています。適切な情報を得たら、ジョブコーチは上司に礼を言い、ビクターに仕事を指示します。

　時々、十分にスキルを獲得した自閉症者であっても、仕事の継続が困難になるほどの問題行動を起こすことがありますが、問題解決スケジュールによって職を失うことを防ぐことができます。例えば、アンジェラは長い間かんしゃくがありましたが、効果的な介入によって減っていました。しかし、彼女がデータ入力の仕事に就いた時、休憩時間が遅れたり、上司が正しいフィードバックをしてくれなかったり、昼食を忘れたりするなどのがっかりすることがあると、泣いたり大きな声を出したりすることがありました。アンジェラのジョブコーチは問題解決スケジュールを使って、人目のない場所で嫌なことを言葉にしてみることを教えました。そのスケジュールでは、机を離

135

れる、女子トイレに行く、個室に座り、タイマーをセットし、必要だったらもう一度セットしなおして、気持ちが落ちついたら席に戻る、といったことが記されていました。スケジュールによって彼女は仕事を失わずにすみ、その素晴らしいデータ入力能力は社内新聞に載るほどでした。

　活動スケジュールは自閉症者の雇用を守ったり、地域の職場での成功をもたらします。より重度の発達遅滞をもつ労働者の場合は、毎日スーパービジョンが必要かもしれませんが、1日おきや週に2回程度ジョブコーチに来てもらうことで、ブルーカラーやホワイトカラーの複雑な仕事に従事できる人もたくさんいます。

地域の活動スケジュール

　活動スケジュールは自閉症の若者や大人の地域参加の促進にも大きな成果を挙げています（Rehfeldt, 2002）。例えば、文字スケジュールや写真スケジュールで多くの大人が電話のかけ方を習得し、地域でさらに安全に過ごせる手段になっています。ジョブコーチが車のトラブルに遭い、職場から自宅への移動が確実に遅れるとわかった時、彼は自閉症の労働者に電話をし、スケジュールが変更になったことを説明し、車に乗せる適切な場所を伝えることができます。仕事中に病気になっても、誰かに電話をして自宅まで送ってもらうことができます。公共交通機関を使っている人が電車やバスに乗り遅れたり、間違った車両に乗ってしまったり、知らない人に話しかけられるなど、予期せぬ事態に巻き込まれた時も、携帯電話は役に立ちます。自閉症者にとって、携帯電話の使い方を学ぶことは安全を保障するために大事なことです。

　年長の子どもたちや10代の若者の多くは、活動スケジュールを使って買い物をすることができ（図11-6参照）、このスケジュールは後々、食料品や服の買い物に広げていくことができます。スケジュールは、レストランでの注文方法を教えるのにも役立ちます。選択肢が少ないこととチップがいらないことから、ファストフードの店が最初の指導に使われることが多く、後

第11章　大人の活動スケジュール

で、メニューが多いレストランでの指導に移ります。よくできたスケジュールでは、注文や要求、支払いの方法を教えるだけでなく、「お願いします」「ありがとう」といった丁寧な言葉遣いや、食べ物が出てくるまで正しく待つことも教えることができます。

ATMの使い方も、活動スケジュールで教えることができます。私たちは、若い労働者に給料を大切にしてほしいので、ATMで給料を預金し、必要なお金だけを引き出して、映画鑑賞、スポーツイベント、遊園地など地域に出かける計画をよく立てます。

活動スケジュールで、自動販売機、チップの計算、出納簿、スーツケースの詰め方、コインランドリーの使い方などを教えることもできます（McClannahan, MacDuff, and Krantz, 2009）。

買い物のための文字の活動スケジュール

___　1. 財布を取り出す
___　2. 財布にお金がいくら入っているか確認する
___　3. 誰かに「___を買いたい。それを買えるお金が入っている？」
　　　と尋ねる
___　4. 財布をポケットまたはバッグに入れる
___　5. 店に行き、品物を選ぶ
___　6. レジに行く
___　7. 並んで待つ
___　8. カウンターに品物を置く
___　9. 財布を取り出す
___　10. 店員にお金を渡す
___　11. お釣りを待つ
___　12. お釣りを受け取る
___　13. お釣りをポケット、財布、またはバッグに入れる
___　14. 「ありがとう」と言う
___　15. 品物を持って店を出る

図11-6

活動スケジュールと課題分析

　課題分析とは、あるスキルを正しく遂行するために必要な個々の行動やステップに分解することです（Reid and Green, 2005）。活動スケジュールは課題分析が基盤となっていて、課題分析が良いと、良いスケジュールになります。

　ホテルの部屋掃除のように長い課題分析もあれば、非常に短い課題分析もあります。例えば、手紙を受け取る課題分析はたった5つのステップです。

① 郵便受けに行く。

② 郵便受けからすべての郵便物を出す。

③ 郵便物を家に持って入る。

④ リビングのテーブルの上に置く。

⑤ 最後に、家族に「手紙を取ってきたよ」と言う。

　この課題分析は、文字スケジュールや写真スケジュールを作る時に使われます。写真スケジュールを作る時は、郵便受けに向かう道の写真、郵便受けから郵便物を出している写真、郵便物を持って家に戻る写真、テーブルの上に郵便物を置く写真、そして、家族と関わっている写真を撮ります。

　活動スケジュールをそれを使う人に合ったものにするために、課題分析は重要です。「郵便物を家に持って入る」という文字がいらない人もいれば、家に戻る写真がいらない人もいます。しかし、そうした手がかりがないと、スケジュールを使えない人もいます。ブラウニー（洋菓子）のレシピに「白い計量カップを取り、牛乳を取り、カップに牛乳を注ぎ、ボウルに牛乳を入れる」といったステップが必要な人もいれば、「カップ1杯の牛乳」という手がかりで十分な人もいます。

　課題分析の構成要素の中には、写真で表すのが難しいものもあります。私たちは奥歯を磨いてほしい人の助けになる活動スケジュールを作る時に、歯磨きの課題分析を行います。しかし、望ましい反応を示した写真を撮るのは実際には難しいでしょう。さらに、写真スケジュールを使っている人の中には、左右や上下といった概念を理解していない人もいます。幸いなことに、

第11章　大人の活動スケジュール

ほとんどの場合、マニュアルガイダンスとプロンプトフェイディング手続きで、それまでは手がかりにならなかった写真や文字に正しく反応できるように教えることができます。

　課題分析によって、スケジュール従事の間違いを防ぐことができます。ケイトのメールのスケジュール（図11-3参照）の大事な構成要素が欠落していると、彼女の友達や家族との関わりが不可能になってしまいます。一方、活動スケジュールに不必要な構成要素を入れてしまうと、既に学習しているために、そのステップを省略してしまい、スケジュール通りに活動しなくてもいいことを教えることになってしまいます。そして、まだ習得していないステップを省略してしまうと、間違いを犯すことになってしまいます。

　このような理由から、課題分析を行う際には、両親、指導者、ジョブコーチが、標的スキルを構成するそれぞれの行動を実際にやってみて、それを記録するとよいでしょう。例えば、活動スケジュールを作る前に、母親が実際にミートローフを作ってみて、息子がそれを作る際に必要だと思われるステップをすべて書き出します。ジョブコーチはホテルの部屋や浴室を掃除して、必要なステップを記録し、その後で、部屋の掃除をする自閉症者のための活動スケジュールをその人に合った形にしていきます。父親はスケジュールを作る前に、ビリヤードの遊び方やゴルフパットの使い方を課題分析しておきます。指導者は爪切り、薬の飲み方、お寺・神社・教会での作法などを教える前に、標的の課題を実際にやってみて記録すべきです。

　課題分析を行い、個人に合った活動スケジュールを作る時、私たちは指導後に多くの大人がスケジュールを参照しなくてもいくつかのステップができるようになることを期待しています。これはその人がその課題を習得したという印です。しかし私たちは、彼らが自分のスケジュールを使う必要がないことを学んでほしくはありません。そのかわりに、私たちはスケジュールを作り直して、必要のない写真や文字の手がかりを削除します。私たちがよく観察し、必要のない写真や文字を削除すれば、活動スケジュールは、最終的には、「働く時間だ」「夕食を作る」「メール」といった最少限の文字や写真

だけになるでしょう。

第12章

活動スケジュール

進歩のためのプラットホーム

Activity Schedules for Children with Autism

活動スケジュールが特定の限られた活動や場面や時間だけで使われたとしたら、それは効果的な使い方ではありません。毎日たくさんの場面で使うことで、自閉症の人の生活のすべてにおいて助けとなります。活動スケジュールによって、従事すること、課題を終わらせること、正しい選択をすること、連続して活動すること、監督されていない場面で多くの活動を行うこと、といった生涯を通して重要なレパートリーを教えることができます。活動スケジュールは固定的なものではなく流動的であり、形式や特徴を変えながら、それを習得した人と一緒に成長していくのです。

活動スケジュールは活動への従事をよくする

　アメリカやその他の国で私たちが発達支援をしてきた介入プログラムでは、関わったすべての自閉症児者が活動スケジュールを使い、予定された活動への適切な従事率は非常に高かったです。7つの介入プログラムすべてにおいて、自閉症児者の課題遂行や予定した活動への従事率は平均すると80〜100%でした。この従事率の高さは公立学校やデイケアセンターで定型発達児が示す値よりも高いものでした。多くの研究が、活動スケジュールによって課題従事行動が増加することを示しています（Anderson, Sherman, Sheldon, & McAdam, 1997; Bryan & Gast, 2000; Krantz, MacDuff, & MacClannahan, 1993; MacDuff, & Krantz, & McClanahan, 1993; Watanabe & Sturmey, 2003 を参照）。

活動スケジュールは問題行動を減らす

　私たちは皆、日々の予定を知ることが好きです。どんな会議や約束が予定されているか、〆切はいつか、家族の誰が一緒に夕食を食べるか、などを知りたいと思っています。自閉症児も同じです。子どもは活動スケジュールによってその日にすることがわかり、生活の流れが予測しやすくなると、問題

行動は減っていきます。例えば、ミレスの両親の報告によると、ミレスは屋外の活動になるとかんしゃくを起こしていましたが、写真の活動スケジュールによってバイクや車に乗るといった活動を提示すると、かんしゃくは減少しました（Krantz, MacDuff, & MacClannahan, 1993）。

　子どもは何もすることがない時間を楽しむのに十分なスキルをまだ習得していないために、問題行動が起きることがあります。3人の自閉症児について、遊びの活動スケジュールを学習した後に、休憩時間中の問題行動が減少したことが研究によって示されています（Machalicek, Shogren, Lang, Rispoli, O'Reilly, Franco, & Sigafoos, 2009）。

　自閉症児、定型発達児を問わず、子どもは起きている時に「何もしないで」時間を過ごすことはありません。子どもたちは教えられたスキルを使い、指示に従い、さらにスキルを獲得していきますが、よく知らない場面では望ましくない行動を起こすことがよくあります。何もすることがない時間の過ごし方を学んでいない定型発達の幼児は、きょうだいを叩いたりすることがあるかもしれません。親が友だちに会いに行っていたら、注目を得ようとするかもしれません。テレビの時間が終わったら、かんしゃくを起こすかもしれません。場面の設定をしないと、自閉症児も同様の困難を示します。しかし、彼らの示す望ましくない行動には、常同行動や自傷行動が含まれます。活動スケジュールの使い方を覚えれば、時間の構成の仕方や予定を知る助けになります。特にマニュアルガイダンスなどの指導手続きを使うことで、下手をすれば繰り返し練習してより精巧になっていたかもしれない問題行動を防いだり、起きなくすることができます。

活動スケジュールによって年少児は学習することを学ぶ

　自閉症児は、断続試行指導、機会利用型指導、テレビ、コンピューター、ビデオを通して、また両親、教師、仲間を通して、そして写真、音声、文字の手がかりを通して、さまざまな方法で「学習すること」を学ぶ必要があり

ます（Krantz, 2000)。活動スケジュールはその枠組みを与え、この枠組みによって親や教師は年少児に新しいスキルを獲得させるために、多くの科学的根拠に基づく手続きを使った計画を立てることができます。例えば、断続試行指導は、年少児のスケジュールの中で、単語の模倣の学習で使えるかもしれません。そのスケジュールには、小さな机に向かい合って座っている教師と子どもの写真があり、写真に触ると「話す」という音声が出るボタン式ボイスレコーダーが装着されています。子どもはスケジュールから写真とボイスレコーダーを剥がし、教師に近づき、ボタンを押してメッセージ音声を流し、「話す」という単語を模倣します。教師は「あなたと話せて楽しかった」と応答し、トークンを渡します。このようにして音声模倣のセッションを行うのです。

同様に、機会利用型指導は、手助けを求めることを学ぶ際に用いることができます。最初のレッスンでは、子どもの好きなお菓子（グミやビスケット）を、回すふたのついた透明な容器に入れておきます。その容器の写真を撮り、写真を活動スケジュールのところどころに入れておきます。子どもはその写真のあるページをめくると、棚から容器を持ってくることはできますが、ふたを開けることはできません。教師が近づき「『手伝って』って言ってみて」と言います。子どもが正しい反応をしたら「そうだね、『手伝って』って言えたね」と言い、ふたを開けて、好きなお菓子が取れるようにします。

別の例は、遊ぶスキルがほとんどない女の子が、ページをめくり、人形の服、おもちゃのアイロン、アイロン台の写真を指さす場面です。彼女はそのページからボイスレコーダーを剥がし、教師に近づき、ボタンを押し、「アイロンの時間です」と模倣して言います。教師は「人形の服のアイロン掛けをしていいよ」と言い、2人でテレビ、DVDプレイヤー、おもちゃのアイロン、アイロン台がある遊びエリアに移動します。教師はおもちゃで遊んでいるビデオを見せ、女の子はその動きや言葉を模倣します。また、彼女はアイロンをかける真似をして、「アイロンは熱い」や「このドレス可愛い」などの言葉を真似します。

第12章　活動スケジュール

　さまざまな教育目標に役立ち、十分に研究された介入手続きがたくさんあります。そして、活動スケジュールではそれらすべてを使うことができます。

活動スケジュールは自立を促進する

　活動スケジュールの使い方を習得した年少児は、彼らが何をすべきかを大人が指示しなくてもよくなります。子どもは次の活動が何か気づき、その時になると「字を書く時間だよ」「やったことをチェックしてください」「バスケットしたい？」などと両親、教師、友だち、きょうだいに言いに来るようになります。彼らは言われなくても必要なものを持ってきて、その活動をやり終え、片付けをします。プロンプトフェイディング手続きが正しく系統的に行われていれば、彼らは誰かの手助けがなくても、既に習得した課題はできるようになっています。以下に、活動スケジュールによって自閉症児の自立が促進された例を紹介します。

　8歳の男の子はスケジュールのページをめくり、教室のコンピューターの写真を見つけます。彼はコンピューターのところに行き、課題のプログラムを開き、自分のデータファイルを開き、キーボード打ちの練習を行い、課題を終え、その課題を保存して、スケジュールのある場所に戻ります。マニュアルガイダンスとプロンプトフェイディング手続きによって、彼はこの一連の行動を手助けなしにやり終えることができるようになりました。

　12歳の女の子は文字のスケジュールを使い、終わった課題の横にある確認欄にチェックを付けます。そして、次のスケジュールの用具はカードゲームのUNOです。彼女はカードを持ってきて、弟がテレビを見ているリビングに行き、「ウノしよう」と言います。台所から隠れて見ていた母親は、「カードで遊んでいる間にポップコーン食べる？」と声をかけます。

　10代の男の子の放課後のスケジュールには、「ゴミ箱を空にする」という文があります。この活動をしている時、彼は誤ってゴミ箱をひっくり返してしまい、中身を散らかしてしまったことがありました。しかし彼は、床に落

ちていた中身をすべて注意深く拾い、課題を続けました。

活動スケジュールはスキルの般化を促進する

　活動スケジュールがマニュアルガイダンスと段階的減少型プロンプトフェイディング手続きによって教えられると、写真や文字の手がかりは般化した反応をもたらすことを示す一定の証拠があります。すなわち、スケジュールに従うスキルが、異なる写真の組み合わせや新しい写真でもできるようになるのです。また別の人が相手でもできるようになったり、学校やグループホームから家庭へといったように、状況や場所が変わってもできるようになったりします。

　私たちは、12歳から17歳までの8人の自閉症児のスキルの般化を6か月間測定しました。障害の程度は重度から軽度までさまざまで、全員がスケジュールを使うことができていました。それぞれの子どもに対し、研究期間中に新しいプログラムを実施し、2つのプレテストを行いました。1回目は活動スケジュールなしで、2回目は活動スケジュールありで行いました。プレテストでは、指導者は「ポテトツナサラダを作ってください」や「鏡と洗面台を掃除してください」といった1つの指示をし、その後のプロンプトは一切しませんでした。32個の新しい課題中、30個の課題（94％）で、活動スケジュールがない時よりもある時の方が高い得点でした。活動スケジュールがある条件で各課題が正しく遂行された割合は3％〜75％上回っていました。この研究は、スケジュールに従うスキルは、食べ物の準備、家事、健康のための活動など、これまで教えられていない新しいスケジュールにも般化することが、中度だけでなく重度の障害を持つ生徒についても観察されたのです（McClannahan, MacDuff, & Krantz, 2009）。スキルの般化は早い習得を促し、次の達成に向けての新しい道を開きます。

第12章　活動スケジュール

活動スケジュールは年少児が私たちと同じ手がかりを使えるようにする

　これまで20年以上、乳幼児から大人までの自閉症児者に活動スケジュールの使い方を教える支援をしてきましたが、そのスキルを習得できなかった人はいません。スキル獲得までの時間は人によってさまざまで、文字を読むスキルが伸びなかったため、大人になっても写真スケジュールを使っている人もいれば、最終的には私たちが使っているのと同じようなスケジュール帳が使えるようになった人もいます。これらすべてはスケジュールに従うことの学習によって得られたものです。

　もしスケジュールが長期にわたって同じままであったら、成長はほとんど見られません。新しいスキルを伸ばすように、子どもたちのスケジュールを調整したり再構築することができれば、さらなる成長が期待できます。できるだけ早く幼児の4〜5個のスケジュールの順番を変え、また新しい写真を加えるようにすべきです。スケジュール内の活動の数を増やし、選択肢を設けるようにします。スケジュール従事中に与える現物のごほうびは、スケジュールの最後に交換できるトークンに少しずつ変えていくべきです。

　文字が読める子どもは、スケジュールに入れる前に断続試行セッションでいくつかの単語を教える必要がある場合でも、文字の「To-Doリスト」に移行した方がよいでしょう。次に、「To-Doリスト」をスケジュール帳の中に入れて、子どもが自分自身の一連の行動ができるようにします。スケジュールは系統的に長くしていき、学校や家庭、地域の中でできるだけ長い時間使えるようにします。以前は多くの写真や単語が必要だった活動でも、それが習得された後は、1枚の朝食の写真や「自分の部屋を掃除する」といった文のように、1枚の写真や短い文に変えていきます。多くの人々にとって、スケジュール帳は写真や文字の手がかりを表示できるポケットコンピューターに代えていくべきです。見渡してみると、現代の環境では多くの人がPDAや携帯電話を使っています。携帯型コンピューターを使っている自閉症児は、私たちとほとんど同じです（中には、かなり少数派ですが、手書き

のスケジュール帳を好む人たちもいますが、それも私たちと同じです)。

　よりよい世界とは、障害を持つ人たちがいつも尊敬を受け、平等な扱いを受ける世界でしょう。残念なことに、今のこの世界では、障害を持つ人たちは偏見や差別を受けたり、社会から受け入れないこともあります。他の多くの人たちが使っているものとほとんど同じような体系的なシステムと手がかりの使い方を学ぶことで、周囲の人たちが障害を持つ人も有能な労働者で、地域生活の中で価値のある存在と見るようになっていくでしょう。

第13章

問題解決Q&A

はじめに

　自閉症児に活動スケジュールを使えるよう支援している多くの保護者や教師から、困っていることがいくつか報告されています。教えることは子どもに何かを要求することであり、いつも順調にいくとは限りません。本章では、よくある質問を取り上げ、指導中に時々見られる問題にどのように対処するかを Q&A 形式で考えてみたいと思います。

Q. 息子はスケジュールに飽きているみたいです。

　A.　私たちも自閉症児も難しいことをすることは好きではないでしょう。しかし熟達するにつれて、自分のスキルを発揮するのが楽しくなります。おもちゃ遊び、ぬり絵、算数プリント、お菓子作り、他者との関わりを自分から始めるといったことを、子どもたちに楽しんでやってほしいなら、私たちはさまざまな練習の機会を与える必要があります。もし、あなたの息子がまだ習得していない活動に関心を持っていないようなら、達成基準に達するまでマニュアルガイダンスとプロンプトフェイディング手続きを続けた方がよいでしょう。その後スキルを習得したら、今は難しかったり、関心を示していないような活動でも、自分からそれを選ぶようになるかもしれません。

　もちろん、何か学習上の問題に気づいた時に、ごほうびを見直してみたり、興味をなくしているものに代わって、別のお菓子やおもちゃ、ゲーム、社会的活動などを再検討してみるのもよい考えです。もし、子どもがトークンをチェリオと交換しているなら、別のお菓子を試してみてください。スケジュールの中に「高い高い」が入っていたら、「グルグル回し（swing your partner）」や「逆さぶらさがり（hang upside down）」と代えてみてください。第6章でも述べましたが、スケジュールの活動の順番を変えたり、新しい活動を加えるまでに、あまり長い時

第13章　問題解決Q＆A

間をおかないようにしましょう。

> **Q. 私の娘はスケジュールを使う時に、変な声を出したり常同行動をします。**

A.　スケジュールに従うことを教える理由の1つは、子どもが音声や動作の常同行動と両立しない新しい活動を習得するのを助けることです。もし、子どもが鼻歌を歌ったり、クークー言ったり、同じ音を出し続けたり、同じセリフを何度も繰り返し言っている時は、定型発達の子どもたちも課題や遊びの活動中に静かにしていることはほとんどないことを思い出してください。教えることを続けてください。しかし、同じことを繰り返す時には、お菓子やトークンなどのごほうびをあげないように注意してください。

　もし子どもが手を揺らしたり、指で遊んだり、自分の手をじっと見たり、ロッキング、あるいはその他の動作的な常同行動をする場合、この行動を防ぐためにマニュアルガイダンスに戻ってください。こうした動作的な繰り返し反応の生起は予測できることが多く、例えば、ある子どもはラミネートされた写真カードを手に取るたびに、頭を何度も回す常同行動を起こすかもしれませんし、音を鳴らすおもちゃが動くたびに手を揺らす子どももいれば、スケジュールブックをめくる前後に、指で遊ぶ子どももいます。もし常同行動が始まりそうだったら、それを防ぐためにマニュアルガイダンスするとよいでしょう。もしあなたがプロンプト部位のフェイディングに移った後でまた起こるようだったら、それはフェイディングを始めるのが早すぎたことを意味しています。意味のない常同行動を予測できなかったり防げなかった時でも、すぐに止めさせ、それらの行動をする時間を極力減らしてください。

> Q. 息子はスケジュールの使い方を教えている時に、時々かんしゃくを起こします。

A. かんしゃくが見られる場合、あなたの息子はスケジュールについて十分に学習していない可能性がありますし、おそらくあなた自身も新しい反応連鎖の一部としてとしてかんしゃくを学習してほしくないと思っているでしょう。この場合、スケジュールをいったん止めて、かんしゃくに対して普段している対応をした方がよいでしょう。（例えば、息子が落ち着いて指示に従えるようになるまで高いいすに座らせたり、自分の部屋に連れて行ったり、階段の一番下の段に座らせたりします）

　もし、かんしゃくが頻繁に起こるようであれば、スケジュールに入れているごほうびを見直し、また、よくできた時には、トークン、お菓子、あるいは特に好きな活動などをこれまでより多めにしてあげます。しかし、かんしゃくを起こせば、スケジュールに従事しなくてもよい、ということを彼が学習しないように気をつけてください。かんしゃくが落ち着いたら、スケジュールを再開しましょう。

　活動スケジュールは子どもが起きている時間すべてで用いると、最も効果的です。もし子どもが、5ページの活動スケジュールをするように言われても、その日はずっと両親からほとんど促しがなく、結局子どもは常同行動や儀式的な行動しかしていない状況であれば、スケジュールをするように言われた時に問題行動を起こす可能性の方が高くなってしまうかもしれません。同様に、もし子どもに1日に2時間の断続試行指導があり、そこでは正反応ごとにごほうびが与えられていると、ごほうびをもらえるまでスケジュールのいくつかの反応をしなければならない（例えば、パズルを持ってきて、それを完成し、片付ける）ことに抵抗を示すかもしれません。スケジュールに従うことは他の毎日の活動と同じように、子どもにとってやりがいのあるものでなければなりません。

第13章　問題解決Q&A

> **Q. 娘は稼ぐ前にお金を取ってしまいます。**

A. 子どもたちは他人のものを勝手に取ってはいけないことを学ぶ必要があります。トークンによるごほうびは、あなたの娘にこの重要な原則を教える1つの方法であり、他者からの尊敬を得る助けにもなります。自分で獲得していないコイン、お菓子、その他のごほうびを子どもが取ってしまわないように、マニュアルガイダンスを使います。しかし、彼女の動きが速くて、トークンを掴むのを防げなかった時は、すぐに元に戻します。同じようなことが続くのであれば、トークンを戻すだけではなく、すでに獲得したコインやステッカーをいくつか余分に戻し、最後に好きなお菓子や活動と交換するために必要な数のトークンをあげないようにすることもできます。

　稀なことではなく、段階的ガイダンスやプロンプト部位のフェイディングの間はトークンで上手くいっていた子どもが、両親がシャドーイングや距離のフェイディングを始めると、トークンを「盗む」ようになる子どももいます。これは少なくとも一時的には、前のプロンプト手続きに戻すサインと考えた方がよいでしょう。もう一度プロンプトを徐々にフェイディングし、子どもの様子を見て、このフェイディング手続きを続けるかどうかを判断します。

> **Q. 息子はスケジュールの使い方を覚えましたが、私は息子と同じ部屋にいなければならないのでしょうか？**

A. 第6章でも述べましたが（第6章「新しい問題と解決策」参照）、大人と子どもの距離をフェイディングすることは、子どもの本当の自立を確立する上でおそらく最も難しいステップです。多くの子どもは両親や教師がいない状況で、既に獲得した活動を行うことができるようになる前に、異なる複数のスケジュールに従うことを学習します。

複数のスケジュールを習得した後に、あなたが部屋の外にいる状況で、子どもが上手く行動できない場合には、検討すべき解決策がいくつかあります。本読み、洗濯物たたみ、家族との関わりなど、別の活動に従事している時に、子どもとの距離を徐々に長くしていきます。もちろん必要な時にプロンプトできるように隠れて子どもの様子を観察しますが、そうすることは子どもにはあまり気にならないでしょう。
　さらに、子どもが話せる場合には、スケジュールの中に社会的相互交渉の課題を入れたり、特に課題を達成した時に社会的関わりを入れるとよいでしょう。それぞれの活動が終わったら、「パズルできた」「チーズクラッカー作ったよ」などの報告をすることを教えるとよいでしょう。そして、一人でできたことを誉めて、ごほうびをあげます（プロンプト付きでできた時は、誉めずにごほうびもあげません）。子どもが報告する時に、少しずつあなたとの距離を離していくと、最終的には子どもは別の部屋にいるあなたを探しに行くようになります。
　もちろん、親がその場にいなくてはいけない活動もあります。「お父さんに宿題のチェックをしてもらう」「お母さんに言葉の時間だと伝える」「算数を手伝ってもらう」といった活動が入っているスケジュールがそうです。スケジュールの中のこのような活動は、さらなる指導の基盤となるものです。親はワークシートに記入したことのフィードバックをしたり、発音を明瞭にするための断続試行訓練をしたり、子どもの記憶を助けるためにフラッシュカードを出す、といったことをする必要があります。
　あなたが子ども宿題の確認や会話の援助をすることを忘れないために子どものスケジュールを使えば、用具を持ってきたり片付けたりすることで息子に責任を持たせることによって、子どもの自立を促進することができます。片付けの時間を言葉で伝える代わりに、活動が終わったことを簡単に伝えます（例えば、「宿題終わり」「フラッシュカード終わり」）。

第13章　問題解決Q＆A

> **Q. 私は娘にスケジュールを使わせるためにいつも自宅にいることが難しいです。この状況は変えるべきでしょうか？**

A. 私たちの中にはスケジュールの変更を受け入れやすい人もいますが、誰も柔軟性は必要だと思っています。仕事のスケジュールが変更になったり、家族の予定が変わったり、予期しない出来事が起こったりすることはよくあることで、その場合は、計画を変更したくないと思っても、変更せざるを得ません。子どもに活動スケジュールを教える時には、日課の変更もあり得ることを許容できるように教えなければなりません。

　必要であれば、子どもの写真や文字のスケジュールを簡単なものにすることを躊躇してはいけない時もあります。もし、あなたが用事に出かけたり、他の子を放課後のイベントに連れて行かなくてはならない時には、子どものスケジュールブックから数ページを剥がして、その代わりに車に乗るページを入れます。このようにして一連の行動を並べ替え、子どもが複数のスケジュールを習得したら、このようにすることで、他にしなければならないことがある時に問題なくできるようになります。

　もし、スケジュールの変更が予想される場合には、一日の予定が比較的ゆったりしている時に、前もって写真や文字の手がかりを用意して、それを練習するようにします。例えば、駅やバス停で親に会う、サッカーの練習にきょうだいを連れて行く、モールや小児科、祖母の家に行く、テレビを見る、入浴する、寝ることを示す追加の写真カードを用意します。時々、そういう活動をする状況でなくても、普段の活動を減らして、これらの活動を加えてみます。これは家族のQOLを高めるだけでなく、自閉症児が変化を受け入れることを学習し、それが家族にもよい影響をもたらします。

　活動スケジュールはただの道具に過ぎません。あなたの子どもの教育について何かの判断をしたり、家族の参加について判断するのと同じように、子どもの日々のスケジュールについてもその都度判断します。

Q. 私たちはとても忙しくて毎日のスケジュールの準備が難しいです。

A. 自閉症児の親として、あなたは日常生活で起こるさまざまなことに対処するスキルを学習してきました。活動スケジュールを初めて子どもに教える時には、時間も労力も必要ですが、最終的にはあなた自身の自由な時間が増えます。子どもが勉強したり遊んだりする環境にちょっと目を向けるだけで、あなたの自由度は高まります。第3章では、年少児の自立を促すための用具の配置の仕方について述べました。

よく工夫された学習環境では、子どもに活動スケジュールの使い方を教えるだけではなく、子どもに自分の所有物に対する責任も持たせます。勉強や遊びの用具の配置を工夫することで、片付けを教えることができます。新しいスケジュールを始める時、写真や文に載っていない活動をいくつか「余分」にマニュアルガイダンスでさせてみます。例えば、子どもがK'Nexモデル（訳注：米国K'NEX社の製品で、プラスチック製の組立式玩具。棒状の部品とそれを連結する部品を組み合わせて物体を組み立てるもの）を作った時は、ガイダンスをしてそのモデルを分解し、ピースを自分でかごに戻させます。ハサミで紙を切った時は、ガイダンスをして紙の切りくずを自分で拾ってゴミ箱に捨てさせます。プディングを作った時には、カウンターを拭いて、食洗機に食器を入れることを教えます。

結局は、子どもたちが基準のパフォーマンスをきちんとできるように指導手続きを行った時だけ、活動スケジュールは役立つものとなります。標的の活動を正しくできるように教えることによって、その課題をやり直させたり、不十分のままでよいとすることがなくなります。ミートローフ作りの学習は、そうすることで他者にとって余計な仕事が増えなかったり、作ったミートローフが美味しくて、夕食で家族に好評だった場合に限り、生活に役立つスキルになります。カーペット掃除の学習は、活動の最後にカーペットがきれいになっている場合に限り、生活に役立つスキルと言えます。活動スケジュールの使い方の学習は、子どもが自

分のスケジュールや用具を管理できるようになって初めて、最も役立つものとなります。これらの重要な成果のすべては、先に述べたような指導手続きを使って成し遂げることができます。

> **Q. 活動スケジュールを使うことで、かえって子どもの社会的孤立が増すのではないかと心配です。**

A. スケジュールを使う子どもの中には、計画された活動に夢中になり、近くにいる人を無視する子どももいます。私たちと同じように、多くの子どもは、コンピューターを使ったり、本を読んだり、雑誌を見たり、プリントをしたり、料理をするといった非社会的な活動している時に邪魔をされることを嫌います。しかし、例えば、話したりくすぐったりしている時に視線をそらすなどして、子どもが社会的活動から離れようとしている時には、あなたはスケジュールの中にさらに社会的活動を加えたり、他者を見たり関わりを持った時だけ誉めたりしようと思うかもしれません。先に述べたように、社会的相互交渉の欠如は自閉症児の中心的な障害です。たくさんの練習機会を設け、できたら強力に誉めることで社会的能力を高めることができます。

　実際、よく工夫された活動スケジュールでは、社会的孤立は減っています。活動スケジュールは特別な「指導室」だけで教えるのではなく、家庭、庭、学校、車、そして地域社会で教えなければなりません。もし大人が一緒にいない場面でもスケジュールが使えるようになっていない子どもでは、小さなカーペットを敷いてその上を活動エリアとし、その中で遊びスケジュールの使い方を教えます。家族がテレビを見る時はリビングに、服をたたむ時は洗濯部屋に、祖父母の家に行く時はそこへカーペットを持って行きます。子どもの活動スケジュールをあなたの日常生活に沿ったものにしていくのです。あなたが夕食の準備をする時は、子どもにテーブルの用意と弁当の準備のスケジュールを使うように教え

ます。きょうだいが宿題をしている時のスケジュールも用意して、いくつかの活動に取り組むようにさせます。

Q. 私の子どもはいつもマニュアルガイダンスを求めているようですが、どうやってプロンプトをなくせばいいのでしょうか？

A. 自閉症児の中には、身体接触を喜ぶ子どももたくさんいます。おそらくその理由は、社会的な場に導こうとした両親の努力の結果だと思います。また、子どもの中には、大人のプロンプトに依存することを学習してしまい、マニュアルガイダンスを待っている子どももいます（第4章参照）。もし、子どもがプロンプトを待っている場合には、子どもへの身体接触を増やしてみてください。スケジュールの活動やスケジュールの最後のごほうびの両方で、くすぐる、組み合う、抱きしめる、大騒ぎをするなどをやってみます。一方、プロンプトを待っている時は、これらの活動を最小限にし、よくできた時には、身体接触を激しくかつ長く行うようにします。

Q. 就学前の子どもで、ページをめくるのが難しい子どもがいます。

A. ページをめくる手先の器用さを習得する前に、スケジュールに従うスキルを獲得する子どももいます。ですから、一時的に他のものを用いるなどの工夫をすることはまったく問題ありません。ある子どもは各ページの右端に大きなタブをつけたところ、一度に1ページずつめくれるようになりました（このようにページを分離しておくことで、それぞれのページが掴みやすくなったのです）。

第13章　問題解決Q＆A

> **Q. 私の子どもは写真と実物のマッチングがまだできません。どうしたらよいでしょう？**

A. 写真と実物のマッチングの学習が大きなハードルになることがあります。この能力の習得に数年の指導が必要だった子どももいます。一方、この問題は無視して、子どもが持っているマッチングスキルに着目することでスケジュールが使えるようになった子どももいます。もし、子どもが写真のマッチングができたら、その写真をスケジュールブックに貼り、実物が入ったビンにも同じ写真を貼り付けます。もし、子どもが文字や数字のマッチングができるのであれば、その文字や数字をスケジュールブックに貼り、おもちゃや学習教材が入っているかごに同じ文字や数字を付けます。2次元の写真同士のマッチングができなくても、実物同士のマッチングができるのであれば、スケジュールブックの中とかごに実物を入れます。例えば、本物のパズルピース1つをスケジュールブックの中に入れ、同じパズルピースをパズルの入ったかごに付けます。人形のトイレや三輪車をスケジュールのページに付けることで、トイレに行ったり三輪車に乗るようになった子どももいます。写真と実物のマッチングの練習は続けてください。このスキルは自立のために重要だからです。

> **Q. プロンプトを出すまで、どれくらい待つべきでしょうか？**

A. 私たちはよくこのジレンマに出会い、やきもきします。プロンプトを早く出しすぎると、子どもが楽しんで1人で達成することを妨げることになります。逆に遅すぎると、誤反応をして、それが続いてしまうことになりかねません。いつプロンプトを出すかは、事前の観察に基づいて各自で判断します。もし、子どもが普段1人で課題を達成できているのであれば、10秒ないし15秒待ってあげれば達成できる可能性は高い

でしょう。もしそれが（普段から手助けを必要としているような）難しい課題であれば、子どもが今していることを忘れたり、間違った行動をする前に早めにプロンプトをします。現在のその子のレベルを観察することが、いつプロンプトするかの最もよいガイドラインとなります。

ケン

　私たちはケンが3歳の時から知っています。そして、彼は自閉症の診断だけを受けています。彼は重度の発達障害を持っていて、てんかん発作を抑える薬を服用し、その副作用もしばしば見られ、長期にわたる健康問題も抱えています。彼は現在40歳になりますが、16歳の時に写真の活動スケジュールが開発され、その使い方を学習すると、彼の生活に大きな変化が起きました。彼の1日のスケジュールは健康維持の課題の手がかりとなり、またテーブルセッティング、部屋の掃除、余暇活動の選択の手がかりとなっています。仕事では、スケジュールを使って自動車工場で使われる部品の数を数えてまとめたりすることができ、休憩時間にさまざまな選択肢の中から選ぶこともできています。社会的相互交渉もスケジュールに含まれていて、語彙は限られているものの、休日の計画を誰かに話したり、親戚を訪ねたり、好きなレストランに行ったりすることをとても喜んでやっています。彼は楽しそうで、前向きで、私たちは彼との会話を楽しみにしています。幸せかどうかを測ることはできませんが、私たちには彼が幸せに見えます。

付 録

付録A
前提として必要なスキル記録用紙

付録B
ボタン式ボイスレコーダー

付録C
音声カードリーダー

付録D
スケジュール従事記録用紙

Activity Schedules for Children with Autism

付録A

前提として必要なスキル記録用紙

＿＿＿＿＿＿の前提として必要なスキル記録用紙

回　数	課　題	日付／時刻	日付／時刻	日付／時刻
	写真と背景			
1				
2				
3				
4				
5				
6				
7				
8				
9				
10				
正反応数				

回　数	課　題	日付／時刻	日付／時刻	日付／時刻
	実物の マッチング			
1				
2				
3				
4				
5				
6				
7				
8				
9				
10				
正反応数				

回　数	課　題	日付／時刻	日付／時刻	日付／時刻
	写真と実物の マッチング			
1				
2				
3				
4				
5				
正反応数				

付録B

ボタン式ボイスレコーダー

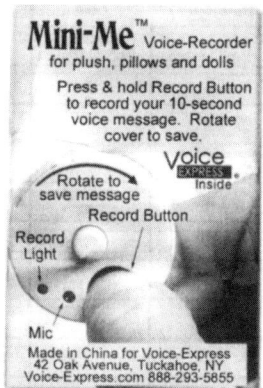

この小型ボイスレコーダーの購入は以下の店舗で：

ARGUS Media LLC
90 Shetland Road
Fairfield, CT 06824
203-254-3503; 203-254-3581（fax）
または
Alexander's Shoppe
www.teachwithsound.com

本書出版時の値段は、Mini-Mes が＄6.20、Voice-Overs が＄6.50。

付録C

音声カードリーダー

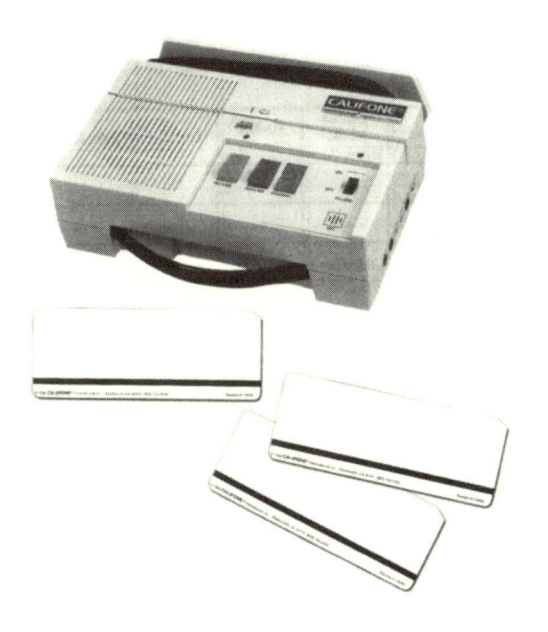

カリフォン・カードリーダーの購入は以下の店舗で：

Cousins Video
420 W. Prospect Street
Painesville, OH 44077
800-256-5977; 440-354-0651 （fax）
info@cousinsvideo.com
www.cousinsvideo.com

本書出版時の値段は、カードリーダー・モデル 2010AV が $173.80、未録音のカード 100 枚が $32.60。

付録D

スケジュール従事記録用紙

記録者：

記録日：

活動	ブックを開く ページをめくる	見て指さす	持ってくる	やり終える	片付ける
正反応数					

正反応数の合計：

行動項目の合計：

正 反 応 率：

記録者：

記録日：

活　動	ブックを開く ページをめくる	見て指さす	持ってくる	やり終える	片付ける
正反応数					

正反応数の合計：

行動項目の合計：

正　反　応　率：

引用文献

Anderson, M. D., Sherman, J. A., Sheldon, J. B., & McAdam, D. (1997). Picture activity schedules and engagement of adults with mental retardation in a group home. *Research in Developmental Disabilities, 18*, 231-50.

Betz, A., Higbee, T. S., & Reagon, K. A. (2008). Using joint activity schedules to promote peer engagement in preschoolers with autism. *Journal of Applied Behavior Analysis, 41*, 237-41.

Birkan, B., McClannahan, L. E., & Krantz, P. J. (2007). Effects of superim-position and background fading on the sight-word reading of a boy with autism. *Research in Autism Spectrum Disorders, 1*, 117-25.

Bryan, L. C. & Gast, D. L. (2000). Teaching on-task and on-schedule behaviors to high-functioning children with autism via picture activity schedules. *Journal of Autism and Developmental Disorders, 30*, 553-67.

Cooper, J. O. (1987). Stimulus control. In J. O. Cooper, T. E. Heron, & W. L. Heward, *Applied Behavior Analysis* (p. 315). Columbus, OH: Merrill Publishing Co.

Decker, D. M., Ferrigno, T. K., May D. T., Natoli, C. L., Olson, K. D., Schaefer, M. A., Cammilleri, A. P., & Brothers, K. J. (2003, May). *A comparison of student performance on paper and electronic picture activity schedules.* Poster presented at the First Annual Conference of the Princeton Child Development Institute, Princeton, NJ.

Edmark Corporation (1992). *Edmark Reading Program.* Redmond, WA: Author.

Etzel, B. C. & LeBlanc, J. M. (1979). The simplest treatment alternative: The law of parsimony applied to choosing appropriate instructional control and errorless-learning procedures for the difficult-to-teach child . *Journal of Autism and Developmental Disorders, 9*, 361-382.

Krantz, P. J. (2000). Commentary: Interventions to facilitate socialization. *Journal of Autism and Developmental Disorders, 30*, 411-413.

Krantz, P. J., MacDuff, M. T, & McClannahan, L. E. (1993). Programming participation in family activities for children with autism: Parents' use of photographic activity schedules. *Journal of Applied Behavior Analysis, 26*, 137-139.

Krantz, P. J. & McClannahan, L. E. (1993). Teaching children with autism to initiate to peers: Effects of a script-fading procedure. *Journal of Applied Behavior Analysis, 26*, 121-132.

Krantz, P. J. & McClannahan, L. E. (1998). Social interaction skills for children with autism: A script-fading procedure for beginning readers. *Journal of Applied*

Behavior Analysis, 31, 191-202.

Lovaas, O. I. (1977). *The autistic child: Language development through behavior moduication.* New York: Irvington.

Lutzker, J. R., McGimsey-McRae, S., & McGimsey, J. F. (1983). General description of behavioral approaches. In M. Hersen, V. B. VanHasselt, & J. L. Matson (Eds.), *Behavior therapy for the developmentally and physically disabled* (p.. 42). New York, NY: Academic Press.

MacDuff, G. S., Krantz, P. J., & McClannahan, L. E. (1993). Teaching children with autism to use photographic activity schedules: Maintenance and generalization of complex response chains. *Journal of Applied Behavior Analysis, 26*, 89-97.

Machalicek, W., Shogren, K., Lang, R., Rispoli, M., O'Reilly M. F., Franco, J. H., & Sigafoos, J. (2009). Increasing play and decreasing the challenging behavior of children with autism during recess with activity schedules and task correspondence training. *Research in Autism Spectrum Disorders, 3*, 547-555.

McClannahan, L. E. (1998). From photographic to textual cues. In P. J. Krantz, G. S. MacDuff, E. C. Fenske, & L. E. McClannahan, *Teaching independence and choice: Design, implementation, and assessment of the use of activity schedules.* Princeton, NJ: Princeton Child Development Institute. DVDs or VHS tapes. www.pcdi.org

McClannahan, L. E. & Krantz, P. J. (1997). In search of solutions to prompt dependence: Teaching children with autism to use photographic activity schedules. In E. M. Pinkston and D. M. Baer (Eds.), *Environment and Behavior* (pp. 271-278). Boulder, CO: Westview Press.

McClannahan, L. E. & Krantz, R J. (2005). *Teaching conversation to children with autism: Scripts and script fading.* Bethesda, MD: Woodbine House.

McClannahan, L. E., MacDuff, G. S., & Krantz, P. J. (2002). Behavior analysis and intervention for adults with autism. *Behavior Modification, 26*, 9-26.

McClannahan, L. E., MacDuff, G. S., & Krantz, P. J. (2009). Activity schedules for adults with autism spectrum disorders. In P. Reed (Ed.), *Behavioral Theories and Interventions for Autism* (pp. 313-334). New York, NY: Nova Science Publishers.

McGee, G. G., Krantz, P. J., & McClannahan, L. E. (1986). An extension of incidental teaching procedures to reading instruction for autistic children. *Journal of Applied Behavior Analysis, 19*, 147-157.

Mechling, L. C., Gast, D. L., & Seid, N. H. (2009). Using a personal digital assistant to increase independent task completion by students with autism spectrum disorder. *Journal of Autism and Developmental Disorders, 39*, 1420-1434.

Miguel, C. F., Yang, H. G., Finn, H. E., & Ahearn, W. H. (2009). Establishing derived textual control in activity schedules with children with autism. *Journal of Applied Behavior Analysis, 42,* 703-709.

Pierce, K. L. & Schreibman, L. (1994). Teaching daily living skills to children with autism in unsupervised settings through pictorial self-management. *Journal of Applied Behavior Analysis, 27,* 471-481.

Rehfeldt, R. A. (2002). A review of McClannahan and Krantz's Activity schedules for children with autism: teaching independent behavior: Toward the inclusion and integration of children with disabilities. *The Behavior Analyst, 25,* 103-108.

Rehfeldt, R. A., Kinney, B. M., Root, S., & Stromer,. R. (2004). Creating activity schedules using Microsoft PowerPoint. *Journal of Applied Behavior Analysis, 37,* 115-28.

Reid, D. H. & Green, C. W. (2005). *Preference-based Teaching: Helping People with Developmental Disabilities Enjoy Learning without Problem Behavior.* Morganton, NC: Habilitative Management Consultants.

Silver Lining Multimedia, Inc. (2008). Picture This... Poughkeepsie, NY: Author. (CD for Windows or Mac OS). www.silverliningmm.com

Stages Learning Materials (2009). *Language Builder: Picture Noun. Cards.* Chico, CA: Author. www.stageslearning.com.

Stevenson, C. L., Krantz, P. J., & McClannahan, L. E. (1998). Social interaction skills for children with autism: A script-fading procedure for nonreaders. *Behavioral Interventions, 15,* 1-20.

Watanabe, M. & Sturmey, P. (2003). The effect of choice-making opportunities during activity schedules on task engagement of adults with autism. *Journal of Autism and Developmental Disorders, 33,* 535-538.

Wichnick, A., Vener, S. M., Keating, C., & Poulson, C. L. (2010). The effect of a script-fading procedure on unscripted social initiations and novel utterances among young children with autism. *Research in Autism Spectrum Disorders, 4,* 51-64.

索　引

※イタリック体のページは図

【あ】

飽きる　150-151
新しいスキル　71-72
誤り　参照：誤反応
移行　8
エドマーク読みプログラム　98
お金　131-132, 136, 137
大人　参照：大人の活動スケジュール
大人の活動スケジュール　124-140
　　課題分析と-　138-140
　　家庭の-　124-130
　　仕事のスケジュールと休憩時間と-　133-134
　　職場の-　131-136
　　自立度の向上と-　124-130
　　地域参加と-　136-137
　　動機づけシステムと-　131-132
　　文字の活動スケジュール　137
　　問題解決スケジュールと-　134-136
　　-に必要なスキルのセット　124
　　-の例　127, 130
大人のプロンプト　3, 4, 6-9
　　参照：プロンプトフェイディング
オフタスク　7
オンタスク　8

【か】

買い物　参照：お金
学習することを学ぶ　143-145
家族の生活
　　時間管理スキルと-　85-86

課題分析　138-140
活動スケジュール
　　新しい-を教える　68-72
　　オンタスク行動と-　142
　　活動従事の促進と-　142
　　活動の選定と-　26-29
　　カードリーダーと-　37-38
　　ごほうびと-　29, 32-33
　　時間管理スキルと-　84-85
　　社会的相互交渉スキルと-　9-10, 35-38
　　自立と-　6-8, 145-146
　　数字と物のマッチング課題と-　28
　　スキルの獲得と-　147-148
　　スキルの般化と-　146
　　生活/学習環境と-　34-35
　　選択と-　8-9, 91-93
　　前提として必要なスキル　16-24
　　断続試行セッションと-　147
　　手がかりと-　147
　　トークンのごほうびシステムと-　32-34
　　年齢相応の活動と-　27
　　ボタン式ボイスレコーダーと-　35, 37
　　問題行動の減少と-　142-143
　　To-Doリストと-　147
　　-とは何か　4-6
　　-に新しい写真/活動を加える　71-72
　　-の効果に関する研究　142-148
　　-の構成要素　59-62
　　-の最初の習得　68-77
　　-の用具の準備　30-32
　　-用の写真を撮る　29-30
活動スケジュールの終わり　80-86

171

家族の生活と− 85-86
　　ごほうびと− 84
　　時間管理スキルと− 85-86
　　写真活動スケジュールと− 80
　　常同行動と− 82
　　タイマーと− 80-83
活動の新しい配列 68-71
活動の順番 9
活動の選定 26-29
家庭生活スキル 7
カードリーダー 37, 37-38
カメラ 30
距離のフェイディング 53
　　参照：プロンプトフェイディング
記録用紙
　　写真と実物のマッチングの− 21
　　スケジュール従事の− 60
　　マッチングスキルの− 19
言語指示 3
言語プロンプト 114-115
構造化されていない時間 88
行動　参照：自立
　　オンタスク 8, 142
　　かんしゃく− 152
　　常同− 82
　　ステレオタイプな− 3, 151
　　問題行動 142-143
誤反応修正 53-55, 58
ごほうび
　　活動スケジュールと− 27, 32
　　子どもにごほうびの選択を教える 88-90, 93-94
　　時間管理スキルと− 84-85
　　指導と− 42, 45, 55-56
　　食べ物の− 18
　　マニュアルガイダンスと− 22-23
　　−を与える 47-48
　　−を決めて準備する 32-34
コンピューターゲーム 85-86
コンピューターとスケジュール 108-109

【さ】

指導 42-56
　　新しい活動 71-72
　　距離のフェイディングと− 53
　　構造化された− 9
　　誤反応への対応 53-55
　　ごほうびと− 42, 45, 54-56
　　ごほうびを与えることと− 47-48
　　最初の指示 45-46
　　指導にあたっての準備 45
　　写真活動スケジュールと− 45
　　シャドーイング 52
　　自立と− 43, 48-49
　　スケジュールに従うスキル 44
　　すべきこととしてはいけないこと 48-50, 49
　　段階的ガイダンスと− 43, 50-52
　　段階的減少型プロンプト 42, 54
　　段階的増加型プロンプトと− 42
　　断続試行指導と− 42
　　注意をそらさないことと− 45
　　トークンによるごほうびシステムと− 47-48
　　プロンプト部位のフェイディングと− 51-52, 51
　　マニュアルガイダンスと− 43, 46-47
時間管理スキル 84-85
仕事のスケジュール 109-110
自閉症児の会話の指導 120-121
自閉症の人びと
　　言語の遅れと− 8-9
　　社会的スキルの困難 9-10
　　日課と− 76-77
　　プロンプトの必要性 3
　　模倣スキルと− 116-118
　　無発語 112-113
社会的相互交渉スキル 112-122
　　音声や文字手がかりのフェイディング と− 120-121
　　活動スケジュールと− 34-39

索　引

自閉症児の− 9-10
十分な発語のある子どもの− 118-120
スクリプトフェイディング手続きと−
　120-121
友だちとのやりとりと− 116
友だちとやりとりするスキルを育てる
　116-118
友だちの模倣指導と− 116-118
発語の少ない子どもの− 114-116
無発語の子どもの− 112-114
文字や音声のスクリプトと− 119
写真から文字への移行 98-110
写真と実物の対応スキル 19-22
写真を撮る 29-30
写真を読む 68
シャドーイング 52
自立　6-8, 43, 48-49, 72-73, 125-130, 145
スクリプト　115-116, 118-120
スケジュールに従うスキル 44
スケジュール表 7
生活／学習環境 34-35
選択肢ブック *92*
選択肢を増やす 88-95
　ガイダンスと− 91-92
　活動の順番と− 91-93
　ごほうびと− 88, 93-94
　スケジュールブックと− 91
　選択肢ブック *92*
　選択ボード *89*
　−のフェイディング 88-89
選択ボード *89, 99*
前提として必要なスキル 16-24

【た】

タイマーの使用 80-83
食べ物のごほうび 18
段階的ガイダンス *5*
　参照：プロンプトフェイディング
　誤反応への対応と− 53-55, 58

指導と− 45, 50-53
シャドーイングと− 52
自立と− 6-8
身体ガイダンスの軽減と− 43
段階的ガイダンスとは 50-51
問題解決と− 150-151
断続試行訓練
　学習することを学ぶことと− 143-145
　活動スケジュールと− 147-148
　かんしゃくと− 152
　指導方法と− 42
　社会的スキルと− 116
　社会的相互交渉と− 9
　写真から文字への移行と− 98
地域参加 136-137
注意を引く 113
デジタルカメラ 30
データ
　−収集 58-65
　−収集の問題解決 62-63
　−をグラフにする 63-65
データをグラフにする 63-65
手帳 107-108
トークンによるごほうびシステム *32*, 32
　-34, 47-48, 73-75, 153
トークンを盗む 153-154
友だちとのやりとり 116-118
To-Doリスト 103-107

【な】

日課 76-77

【は】

般化 146
パワーポイント 108
ハンドヘルドコンピューター 108-110,
　133

173

頻出単語の読み　98
PDA　108-109, *133*
フェイディング　参照：プロンプトフェイディング
フェンスケ, エドワード, C　ix
プリンストン児童発達研究所　3, 6, 118, 124
プロンプト
　参照：段階的ガイダンス, マニュアルガイダンス
　新しい活動の順番と−　69
　大人の−　4-8
　教示としてのプロンプト　42
　言語−　114
　ごほうびと−　81
　段階的減少型−　43, 54
　段階的増加型−　42
　データ収集と−　62-63
　プロンプトを使う時　159-160
　マニュアルガイダンスと−　22-23, 51
プロンプト部位のフェイディング　51-53, *51*
プロンプトフェイディング
　新しい活動と−　71-72
　新たな問題／よくある解決策と−　73-75
　大人との距離と−　153-154
　課題分析と−　138-140
　活動の順番と−　92-93
　距離のフェイディングと−　53, 73
　ごほうびと−　88
　ごほうびの選定と−　88
　社会的相互交渉と−　116
　シャドーイングと−　52
　自立と−　145
　データ収集と−　61
　手帳と−　107
　マニュアルガイダンスと−　158
　問題解決と−　150
　プロンプト部位のフェイディングと−　51

ページめくり　158
ボタン式ボイスレコーダー　*35, 36*

【ま】

マクダフ, グレゴリー, C　ix
マッチングスキル　18-19
マニュアルガイダンス
　参照：プロンプトフェイディング
　新たな問題／よくある解決策と−　73-75
　ごほうびと−　22-23
　最初のスケジュールと−　74-75
　指導と−　45-47, *49*
　写真スケジュールと−　138-139
　自立と−　145
　スケジュールブックと−　46-47
　タイマーと−　80-81
　段階的減少型プロンプトと−　43
　データ収集と−　61
　手帳と−　107
　手の上に手を乗せる　51, 54, 69, 74
　ハイテク時代の−　108-110
　マッチングスキル　18-19
　マニュアルガイダンスとは　46-47
　問題解決と−　150-151
　問題行動と−　142-143
　プロンプトフェイディングと−　158
　−に対する子どもの反応　55
　−を受け入れる　22-23
見本合わせ手続き　103
無発語の子ども　112-113
文字手がかり　99-103
文字の活動スケジュール　10-11
　参照：読み, To-Doリスト
模倣スキル　116-118
問題解決　150-160
　飽きと−　150
　大人との距離のフェイディングと−　153-154

174

索　引

　ガイダンスと-　151, 153, 158
　かんしゃくと-　152
　社会的孤立と-　157-158
　写真と実物の対応スキルと-　159
　柔軟性と-　155
　スケジュールブックと-　155
　動作的な常同行動と-　151
　トークンのごほうびと-　153
　フェイディングと-151
　プロンプトと-　150, 159-160
　ページめくりと-　158

【や】

用具を準備する　30-32
読み　98, 103, 106
　参照：写真から文字への移行

【ら】

レシピ　109
ロバース,O.I.　42

監訳者あとがき

「どうして今ごろ活動スケジュールなの？」「スケジュールって、自閉症の子どもたちにもう十分広まっているんじゃないの？」という声が聞こえてきそうです。活動スケジュールを使って上手くいっている人には、本書は必要ないかもしれません。しかし、自閉症児の活動スケジュールについて、研究成果（科学的根拠）に基づいて、その作り方、活動スケジュールを自立のために使えるようになるまでの指導の方法、日常生活での活用の仕方、注意すべき点や問題解決策、そして大人になってからの使用についてまで、幅広くかつ系統的に説明している本は見当たりません。活動スケジュールについてそこまでのことを知りたい人には、本書は最適です。

著者のマクラナハン博士とクランツ博士は、米国ニュージャージー州にあるプリンストン児童発達研究所の初代 Executive Director（現在は Executive Director Emerita）として、1975年からすでに40年近く、自閉症児者に対する行動的支援アプローチの開発と実践に取り組んでこられ、写真や文字による活動スケジュールについても30年以上の実践と研究成果が蓄積されています。原著『Activity Schedules for Children with Autism: Teaching Independent Behavior』の初版は1999年に Woodbine House 社から出版され、本書は2010年に出版された改訂版を翻訳したものです。

私自身、25歳以降、スケジュール帳が手放せません。スケジュール帳がないと日常生活が成り立たない、と言っても過言ではありません。でも、20歳の頃は手帳など持っていなくても予定は全部「あたま」に入っていて、「スケジュール帳など使うもんか」と思っていました。ところが25歳が近づいてくると、大切な予定を忘れてしまったり、予定は覚えていても、何処に、何を持っていくのか、などの詳細を忘れてしまって、失態を演じてしまうこ

監訳者あとがき

とがいくつか続き、その後意を決してスケジュール帳（手帳）を買って、こまめに予定を記入するようになりました。今は携帯電話のカレンダーにスケジュールを次々入力し、たくさんの会議や授業、学生指導、等々を間違いなく行うためになくてはならないツールとなっています。

　もしスケジュール帳がなかったらどうなるでしょうか？　重要な会議や約束をすっぽかすという失態が増えるのはもちろんですが、未来の時間を自分で管理できず、何があるかもわからず、周囲の人から「ああだ、こうだ」といろいろ言われながら、右往左往する生活になってしまうのではないでしょうか。言ってみれば「刹那的生活」「混沌とした生活」です。でもスケジュール帳を使うことで、未来の時間を自分で管理でき、未来の生活を自覚的に創ることができます。未来に楽しい出来事が予定されていれば、ずっと前からそれを楽しみに浮き浮きした気分で毎日を過ごすことができます。未来に難しいことが待っている場合には、ずっと前からそれに備えて準備することができます。本書では「自立」が強調されています。つまり、時間のセルフマネジメントを可能にすることで、自分らしい生活を創っていく道が開けるのです。

　これらのことは自閉症の人たちについても同じです。私たち以上にスケジュールを必要としているのが自閉症の人たち、と言ってもよいかもしれません。もちろん、こだわりのある自閉症の人たちのスケジュールには柔軟性が必要です。本書では柔軟性の作り方についても解説してあります。また、ひとりひとりに必要なスケジュールの密度もさまざまでしょうし、必要のない人もいるでしょう。これらの個人差を前提にして、本書が多くの自閉症の人とその家族にとって、自立的生活あるいは自覚的生活に向けて役立つものとなることを願っています。

　最後になりましたが、本書を二瓶社の前代表であった吉田三郎氏に献げたいと思います。吉田さんは2013年6月に逝去され、本書を見ていただくことがかないませんでした。1996年に『子どもの発達と行動分析』を出版し

ていただいて以来、私が翻訳に関係した二瓶社からの出版は本書でちょうど10冊目になり、吉田さんが亡くなってから初めての本です。いずれも行動分析や自閉症に関するもので、その領域で重要かつわが国にも必要な海外の最新情報が紹介できたのも、吉田さんの理解があってのことでした。感謝の念は尽きません。本書の出版が吉田さんにも喜んでいただけるものであることを願っています。

  2014年1月20日
  筑波山を望みて

園山 繁樹

訳者紹介

【監訳者】

園山　繁樹 そのやま　しげき

筑波大学人間系／教授
博士（教育学）／自閉症スペクトラム支援士（EXPERT）、臨床心理士、
　　専門行動療法士

主著訳：「自閉性障害の理解と援助」（共編著，コレール社）；「行動障害の理解と援助」（共編著，コレール社）；「障害科学の研究法」（共編著，明石書店）；「挑戦的行動の先行子操作」（共訳，二瓶社）；「子どもの発達の行動分析」（共訳，二瓶社）「行動変容法入門」（共訳，二瓶社）；「自閉症児と絵カードでコミュニケーション」（共訳，二瓶社）；「発達障害のある人と楽しく学習」（監訳，二瓶社）

【訳　者】（五十音順）

雨貝　太郎 あまがい　たろう　　第11章、第12章、第13章
筑波大学大学院人間総合科学研究科障害科学専攻（博士後期課程）在籍中

伊藤　玲 いとう　れい　　第2章、第3章
筑波大学大学院人間総合科学研究科障害科学専攻（博士後期課程）在籍中

衣笠　広美 きぬがさ　ひろみ　　第5章、第6章、第7章
筑波大学大学院人間総合科学研究科障害科学専攻（博士後期課程）在籍中

佐藤　久美 さとう　くみ　　第1章、第4章
筑波大学大学院人間総合科学研究科障害科学専攻（博士後期課程）在籍中

松下　浩之 まつした　ひろゆき　　第8章、第9章、第10章
鶴見大学短期大学部保育科講師

自閉症児のための活動スケジュール

2014年9月20日 初版 第1刷

著　者　　リン・E・マクラナハン
　　　　　パトリシア・J・クランツ
監訳者　　園山繁樹
発行者　　宇佐美嘉崇
発行所　　㈲二瓶社
　　　　　〒125-0054　東京都葛飾区高砂5-38-8 岩井ビル3F
　　　　　TEL 03-5648-5377
　　　　　FAX 03-5648-5376
　　　　　郵便振替 00990-6-110314
印刷製本　株式会社シナノ

万一、落丁乱丁のある場合は小社までご連絡下さい。
送料小社負担にてお取替え致します。
定価はカバーに表示してあります。

ISBN 978-4-86108-070-8　C3011